넥스트 노멀Next Normal

송해룡 · 김원제 · 김찬원 · 조항민
넥스트 노멀
NEXT
NORMAL

목 차

01.

프롤로그 : 코로나 시대,
우리는 어디로 나아갈 것인가?

"괴물과 싸우는 사람은 그 싸움 속에서
스스로 괴물이 되지 않도록 조심해야 한다.
우리가 그 심연을 오랫동안 들여다본다면,
심연 또한 우리를 들여다보게 된다"
- 프리드리히 니체

팬데믹의 충격, 완전히 새로운 시대로의 전환

2019년 12월 코로나바이러스감염증-19COrona VIrus Disease-19, COVID-19(이하 코로나19)가 발생했다. 그리고 2020년 3월 11일 세계보건기구WHO는 '팬데믹Pandemic(세계적 대유행)'을 선언했다. 코로나19라는 신종 감염병emerging infectious disease은 블랙 스완black swan[1]으로 다가와 퍼펙트 스톰perfect storm[2]이 되었다. 도저히 일어날 것 같지 않은 일이 일어났고, 상상을 초월하는 엄청난 파괴력으로 인류를 위협하고 있다. "인류가 출현하기 전부터 존재했던 전염병은 앞으로도 인류의 운명과 함께할 것이며, 지금까지 그랬듯이 앞으로도 인간의 역사에 근본적인 영향을 미치는 매개변수이자 결정요인으로 작용할 것이다." 윌리엄 맥닐의 전망[3]을 2020년 우리는 충격적으로 체감하고 있다.

코로나19는 우리 삶에 한 번도 겪어보지 못한 형태로 다가와 예상조차 못한 방향으로 진행되었다. 인간이 한 사회와 국경을 넘어 교류하고 전 지구적 경제활동을 통해 살아가는 지금, 전염병이 인간의 '몸'에만 고립된 문제가 아니라 그 인간들이 이룬 모든 문화적 체계와도 관련된 문제로 자리한다. 사람들과 만나야 하는 모든 접점에서 '사람'이 사라졌다. 세계 곳곳에서 번지는 코로나19 바이

코로나 팬데믹은 블랙 스완으로 다가와 퍼펙트 스톰이 되었다. ⓒPixabay

러스 감염의 불길을 차단하고자 거의 모든 대륙에서 봉쇄를 선언했다. 바이러스 위기는 경제위기로 치닫고, 혐오는 윤리의 위기로까지 번져갔으며 정치 지도력은 시험대에 올려졌다. 실제로 코로나19 대응에 미숙함을 드러낸 미국과 중국, 두 국가는 국제적인 지도력을 잃었다는 평가를 받는다.

이제 코로나19는 우리의 삶을 이전과는 전혀 다른 세상으로 인도하고 있다. 좋든 싫든 우리는 기존에 경험하지 못했던 새로운 시대를 경험하고 있다. 의학적으로나 사회적으로나 거대한 재앙이다. 앞으로의 세상은 코로나 전BC : Before Corona과 후AC : After Corona로 규정지어질 것이란 말이 있을 정도다.

코로나19는 비대면의 일상화를 불러왔다. 사회적 관계 속에서 대면과 접촉을 전제로 행했던 모든 일들은 멈추게 되었고, 그 공백을 비대면 기술이 채우면서 사회구조의 패러다임을 전환시키고 있다. 비대면, 즉 언택트untact 산업은 각종 배송 · 배달 서비스를 비롯해 교육, 문화, 금융, 의료에 이르기까지 사람과의 접촉 없이 가능한 일들의 영역을 점차 확대시키고 있다.

과학 및 의료기술의 발전으로 정복될 것 같던 전염병이 20세기 후반 이후 수년 단위로 빈번하게 발생하고 있다. 2003년 조류인플루엔자AI를 시작으로 사스SARS(중증급성호흡기증후군), 신종인플루엔자A(H1N1), 에볼라바이러스, 메르스MERS에 이어 코로나19까지 전염병은 인류를 공포에 떨게 한다.

감염병의 발생은 급속히 퍼져 인류의 건강에 막대한 손실을 초래한다. 지금껏 인류는 기술발전을 바탕으로 이러한 확산을 통제하는 데 주저함이 없었다. 그러나 코로나19는 완전히 다른 양상으로 전개되고 있다. 건강의 문제뿐만 아니라 경제, 정치, 사회, 문화 등 다방면에 미치는 강력한 파급력으로 인해 개인의 삶은 물론 국가의 통제가 어려워지는 상황으로 진행되고 있다. 급격한 전파속도와 대규모의 집단감염을 전혀 예측하지 못했기 때문에 속수무책 당하게 된 것이다.

과거 가난과 전쟁, 재해로 인한 부실한 영양 상태와 열악한 위생환경이 전염병 발생과 유행의 주요 원인이었다. 예컨대, 페스트가 창궐하던 14세기는 전염병의 매개체가 될 사람들이 모여 살고, 왕래가 빈번한 환경은 세균 번식에 더할 나위 없는 조건이었다. 엉망인 위생 관념도 한몫했다. 오염된 식수, 부실한 하수 처리, 개념조차 몰랐던 개인위생은 각종 병원균이 배양될 수 있는 온실의 역할을 하였다. 그러나 20세기를 지나오면서 공중보건 환경과 개인위생 상태가 향상되고, 의학과 의술이 발달하면서 전염병은 제압되는 것처럼 보였다. 그런데 20세기 후반에 들어서면서 인류는 새로운 전염병의 위협에 직면하게 되었다. 전 지구적 차원에서 인적, 물적 교류가 급속히 증가하면서 전염병도 쉽게 전 세계로 확산된 것이다. 특히 항공교통의 발달로 전 세계가 이웃처럼 연결되면서 풍토병이 세계를 위협하는 전염병으로 확산되기 시작했다. 해외 교역과 국제 교류가 빈번한 '잘사는 나라'일수록 더 많은 전염병의 위협에 놓이게 된 것이다.[4] 이러한 신종 전염병이 과거보다 더 빈번하고 광범위하게 발생하고 있다는 데 문제의 심각성이 있다. WHO에 따르면 최근 20여 년간 30여 종의 신종 바이러스가 출몰했다.

역사적으로 세계적인 역병은 각국의 정치·경제·사회·문화와 국제질서의 격변을 초래했다. 최초의 팬데믹으로 알려진 6세기의 유스티니아누스 역병은 비잔틴 제국의 몰락을 재촉했고, 14세기 유럽의 흑사병은 당시 유럽 인구의 3분의 1이 사망하면서 사회질서를 송두리째 바꿨다. 코로나19 유행으로 생산 차질과 수요가 위축

역사적으로 전염병은 사회적 해체를 야기하고 긴장을 촉발하며 당대의 지식을 시험하고 있다. ©Pixabay

되면서 전 세계 경제가 대공황에 버금가는 최악의 상황에 빠졌다.

지난날 전염병 팬데믹이 그러했듯이 코로나19도 문명교류와 번성의 산물로서 발생했음에도 도리어 사회적 해체를 야기하고 정치적 긴장을 촉발하며 당대를 살아가는 이들의 경험과 지식을 시험하고 있다.[5]

새로운 규범과 원칙, 넥스트 노멀의 등장

코로나19는 빠르게 세계를 공포로 몰아넣었다. 각국의 노력에도 불구하고, 바이러스는 최초 발병지로 추정되는 중국과 아시아를 넘어 유럽과 미국, 이란 등에 이르기까지 급속도로 퍼져나갔고, 보건위기에 더하여 극심한 경제 침체까지 동반했다. 대다수 주요 증시가 폭락하고, 공포로 인해 소비심리는 위축되었으며, 봉쇄명령으로 일반시민의 외부활동까지 제한되었다. 여기에 이미 존재했던 경기 침체, 질병의 확산·방지 비용, 국제 유가 하락과 같은 다양한 문제가 겹치면서 국가, 기업과 소비자는 큰 어려움에 직면했다.

그러나 이것이 세상의 종말을 말하는 것은 아니다. 바이러스와 경제 침체에도 불구하고, 여전히 사람들은 일을 하고, 여가를 즐기며 살아가고 있다. 소비활동 역시 지속되고 있다. 그 행태가 이전과는 달라졌을 뿐이다. 그리고 이렇게 변화한 행태 중 다수는 일시적인 것이 아닌, '새로운 표준'이 될 가능성이 높다.

시대가 변화하면서 새롭게 만들어지는 규범과 원칙을 '뉴노멀New Normal'이란 개념으로 불러왔다. 2008년 세계 금융위기 이후에 등장한 새로운 세계 경제질서를 일컫는 말이다. 금융위기 이후에 나타난 저성장, 저물가, 저금리, 높은 실업률 등은 일시적인 현상이 아니라 이후에도 지속될 현상이기 때문에 익숙해져야 한다는 의미로 사용되었다. 경제위기를 겪으면서 새로운 돌파구를 찾다가 생겨난 표준을 말하는데, 과거 대공황 이후 정부 역할이 커졌고, 1980년대 이후 규제가 완화된 것도 뉴노멀의 일종이다.

그런데 코로나19라는 감염병으로 인한 경제위기를 겪으면서 기존 뉴노멀과 다른 양상이 나타나고 있다. 질병이 종식되면 사라질 마스크 착용과 달리, 재택근무나 온라인 모임, 원격의료 등은 이후에도 이어질 것이다. 코로나19 사태를 통해서 디지털 인프라가 확충되고, 사람들이 디지털 생활에 익숙해지면서 이러한 전망은 더욱 힘을 얻고 있다. 디지털 경제, 비대면 사회라는 4차 산업혁명에 걸맞은 것들이 좀 더 빨리 발전하고 있다. 단순히 경제에서 새로운 표준이 생기는 것이 아니라 코로나19가 바꿔버린 생활 변화가 앞으로 계속될 수 있음이다.

이에 코로나19 이후의 새로운 현상을 맥켄지 컨설팅은 '넥스트 노멀Next Normal'로 명명하고 있다. 이제는 상상하기 어려운 '넥스트 노멀' 시대로 접어들었다는 것이다.[6] 기존 시장경제와 자본주의 체제가 해결 못한 문제가 여전하고, 정부와 기업, 그리고 개인 등 모든 경제 주체와 사람들이 피할 수 없는 위기에 대처하기 위해 새로운 사고와 행동 방식으로 전환이 절실히 요구되고 있다. 정부의 중요성 확대와 기업의 사회적 기능 그리고 개인의 지속 가능한 삶의 형태 추구 등이 넥스트 노멀에서 나타날 주목될 만한 변화일 것이다.

코로나 팬데믹 등의 블랙 스완이 반복적으로 발생해 위험이 일상화되는 사회로 전환되고 있다. 감염병 창궐 주기가 점차 짧아지고 있다. 사스에서 신종플루까지 7년, 신종플루에서 메르스까지 6년,

코로나19 국면을 타개하고 미래를 준비하는 국가사회적 전략이 필요하다. ©Pixabay

메르스에서 코로나19까지 4년이 걸렸다. 감염병 창궐 주기가 짧아지고, 백신이나 치료제 같은 근본적인 해결책이 나오지 않는 한 언제든지 또 다른 감염병이 등장할 수 있다. 대유행 감염병이 일상화됨에 따라 그에 대한 대응책을 마련해나가는 방향으로 태세를 전환해야 한다.

새로운 대한민국, 퓨처코리아의 미래 비전 모색 필요

메르스 사태 당시 정부는 감염병 전파 추이나 사망자 정보 공개를 극도로 꺼렸다. 정보가 공유되지 않은 상태에서 국민은 막연한 불안감에 떨 수밖에 없었고, 정부 불신까지 이어졌다. 메르스 사태의 교훈으로 정부는 방역 체계를 전반적으로 정비했다. 코로나19는 신속한 진단과 감염 정보의 즉각적인 공개로 사회적 협력을 유도했고, 대응 과정에서 정부와 시민 간 신뢰를 공고히 했다. 물론 처음에는 꽤 심각한 혼선이 있었지만, 그 결과 한국의 방역 시스템은 비교적 모범적인 것으로 평가되었다.

그런데 감염경로 추적에 개인정보를 사용하는 것은 서구에서는 생각하기 힘든 일이다. 이를 '개인'의 인권 문제로 인식하기 때문이다. 실제로 한국에서 과도한 정보 제공으로 개인의 사생활을 침해한 사례가 있었다. 개인정보의 공개를 필요한 최소한으로 제한하는 등 우리 사회가 '개인'의 권리 문제에 다소 소홀했던 것은 아닌지 되짚어볼 필요가 있다.

우리에게 사재기가 없었던 것은 유럽에 없는 택배문화 덕이기도 하지만, 무엇보다 감염폭발로 인한 도시 봉쇄가 없었기 때문이다. 마스크의 경우 우리도 '대란'을 겪었다. 인종주의 차별이 없었던 것도 아니다. 중국인과 중국 국적 동포에 대한 노골적 혐오가 있었고, 지식인들이 나서서 대구지역에 차별 발언을 퍼붓는 일까지 있었다.

코로나19 확산이 본격화된 이후 한국 사회구성원 모두가 어려움을 겪은 것은 사실이지만, 각자가 처한 환경에 따라 어려움의 강도와 보건상의 위협은 다르게 다가왔다. 감염자가 본격적으로 늘어나기 시작한 이후 식당·상점에는 손님이 끊겼고, 직장인 중에도 무급휴직 등으로 일시적으로 수입이 급감한 이들이 많다. 프리랜서, 특수고용직 등 한국 사회의 약한 고리라 할 수 있는 성별과 계층에선 코로나19가 감염병 대유행 사태를 넘어 재난과 같은 영향을 미쳤다. 대면 노동을 할 수밖에 없는 비정규직 (여성)노동자들의 경우 경제적 어려움과 동시에 더 큰 감염 위험에 노출되는 상황에 처했다. 문제는 이 같은 코로나19로 인한 격차, 불평등이 실은 코로나19 이전부터 존재했던 한국 사회의 불평등에서 심화된 것이라는 점

이다. 이렇게 가중된 불평등과 격차는 한국 사회의 지속 가능성을 위협하게 될 것이다.7

물론 K방역의 성취는 매우 긍정적으로 평가할 수 있을 것이다. 코로나19 상황은 우리에게 소중한 것이 무엇인지, 관계와 소통이 얼마나 중요한지를 일깨워 주는 계기가 되었다. 중요한 것은, 우리가 사스와 메르스의 경험에서 뭔가를 배웠고, 그로써 사회를 더 낫게 만들었다는 데에 있다. 이 소중한 성과를 '국뽕'의 재료로 낭비해서는 안 된다. 아직 우리는 더 배워야 한다.

코로나19 방역에서 얻은 자신감을 이제 다른 분야로 확장시켜야 한다. 여전히 한국은 경제협력개발기구OECD 국가 중 산업재해 사망률이 가장 높은 나라 중의 하나다. 한국을 세계에서 가장 안전한 나라로 만들 수 있다.

다양한 분야에서 코로나19 이후의 사회변화를 논의하고 있다. 이러한 논의들은 대체로 개인과 공동체 차원에서의 비대면 서비스 확대, 개인과 국가 차원에서의 사회구성원에 대한 통제 수준의 합의, 국가와 국가 차원에서의 자국 우선주의 등이 코로나19 이후 다양한 변화를 추동하리라고 전망한다. 누군가는 낙관하기도 하고, 다른 누군가는 비관하기도 한다. 그러나 무엇이 언제, 어떻게 실재實在가 될지는 아무도 장담할 수 없다. 변화는 새로운 무엇인가가 우리가 두 발을 딛고 있는 이 어지러운 현실과 어떻게 상호작용하느냐에 따라, 그 방향과 크기를 달리하기 때문이다.

오래된 규칙은 산산조각나고, 새로운 규칙은 아직 쓰여가고 있다.

바이러스는 항상 우리의 주위에 있다. 문명이 발달하면 기존의 질병은 퇴치되지만 새로운 환경에 적합한 신종 바이러스가 끊임없이 생겨나며, 이러한 상황에서 우리 호모사피엔스가 합리적으로 지구촌에 살아가는 법을 배워야 한다.

20세기 인류는 번영과 성장을 향해 숨 가쁘게 달려왔다. 이는 21세기 인류에게 기후변화와 불평등, 저성장, 저출산의 부담을 안겼다. 인간에게 탈탈 털린 자연은 바닥을 드러내고 있다. 그런 순간에 찾아온 코로나바이러스는 문명의 뉴노멀, 넥스트 노멀을 만들어야 할 때가 됐음을 알리는 전령사일 수 있다.

그 어떤 고립과 봉쇄도 일시적 방편에 불과하다는 것을 우리는 이번 바이러스를 통해 배웠다. 우리에게 필요한 것은 어떤 위기에도 삶을 이어갈 수 있는 면역성일 것이다. 경제가 무너져도 함께 살 수 있고, 전염병이 퍼져도 삶이 건재할 수 있다는 믿음. 우리가 다시 설계해야 할 사회는 서로가 공생할 수 있는 작고 튼튼한 사회일 것이다.[8]

미래학계의 대부代父로 불리는 짐 데이터 교수는 코로나19 이후의 세계가 어떻게 될 것인가를 자신 있게 말하는 것은 절대 불가능하다고 단언한다. "미래는 예측할 수 없다Futures cannot be predicted"는

코로나 이후 대한민국의 새로운 비전, 원칙과 규범, 즉 넥스트 노멀을 찾아야 할 때다. ©Pixabay

것이다. 그는 코로나19로 바뀔 세상이 어떻게 펼쳐지더라도 21세기 한국에 어울리는 새로운 길을 찾는 데 앞장설 것을 주문한다. "미래는 예측하는 것이 아니라, 꿈꾸고 만들어나가는 것"이라면서.[9]

인류는 큰 재난 극복 후 어김없이 발전을 이루어 왔다. 우리 사회가 선순환의 역사를 이어 갈 수 있도록 지금 현재 내가 무엇을 어떻게 해야 할 것인지 깊이 성찰할 때이다. 코로나바이러스는 우리 사회가 스스로 어떤 사회가 되고자 하는지, 어떤 가치를 챙기려 하는지 재정립해서 장기적으로 더 나은 사회가 되는 시발점이 될 것이다. 이번 상황을 대한민국의 미래 비전, 지향점으로 삼아 국가사회 혁신이 필요하다.

이제껏 경험하지 못한, 상상하지 못했던 상황의 영향으로 우리는 완전히 다른 새로운 세상을 맞이하고 있다. 앞으로 대한민국은 새로운 세상이 될 것이다. 말 그대로 '퓨처코리아'다. 따라서 퓨처코리아를 위한 새로운 규범과 원칙, '넥스트 노멀'을 정립해가야 할 때이다.

02.

일상 및 사회문화의 전환과 과제

NEXT NORMAL

마스크와 일상의 변화, 사회적 거리두기

코로나 국면에서 우리는 강도 높은 사회적 거리두기를 경험했다. 다른 나라들과는 달리 마스크 사재기도 거의 발생하지 않았고, 오히려 마스크 사지 않기 운동을 통해 자신보다는 타인을 배려하는 높은 시민의식을 보여주었다. '사재기'는 불안 심리에 의해 발생하는 사회적 패닉 현상이라는 점을 고려하면 우리나라의 성숙한 시민의식을 보여준 모범적 사례라고 할 수 있다. '사회적 거리두기'는 국민의 전폭적인 지지와 협조하에서만 제대로 효과가 발휘될 수 있는 행동지침이다. 아무리 좋은 정책이라 하더라도 국민이 협조하지 않으면, 그 정책적 효과는 거의 없거나 미미할 수밖에 없다.

사회적 거리두기는 사람 간의 2m 거리두기를 기본 행동지침으로 한다. 이러한 행동지침은 일상에서 그대로 적용된다. 사람과의 1대 1일 대면 상황에서 마스크 착용은 기본이며, 모임이나 회의 상황에서도 사람 간 간격으로 기본 1~2m는 유지되어야 한다. 식당에서도 서로 얼굴을 마주하고 식사하는 것은 문제시된다. 한쪽 방면으로만 일렬로 앉아 식사하도록 하거나 지그재그로 앉도록 요구받

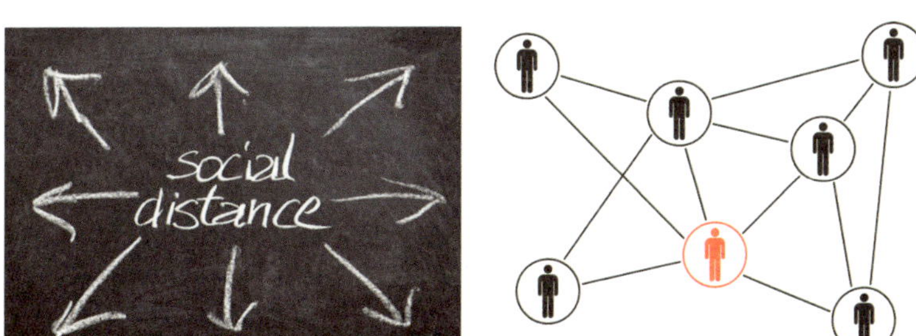

거리두기는 소통, 관계 맺음의 의미를 다시 생각하게 하는 계기가 되었다. 물리적 거리두기는 역설적으로 유대를 강화하기도 한다. ⓒPixabay

는다. 자리 배치가 여의치 않은 식당은 칸막이를 설치하여 사람 간 접촉을 최소화하기도 한다. 공동으로 음식을 먹어야 할 경우에는 혹시나 있을 타액으로 인한 감염을 막기 위해 국자나 집게를 이용한다. 버스나 지하철 등 대중교통을 이용할 때도 마스크 착용은 의무이다. 만약 마스크를 착용하지 않을 경우에는 탑승이 거부된다. 택시를 탈 경우에는 마스크 착용에 더하여 창문을 열어 환기를 시키는 것은 기본이며, 불필요한 대화 역시 하지 않는 것이 좋다. 사회적 거리두기의 백미는 사람 간 만남이다. 아무리 친하거나 오랜만에 만나는 사이라고 할지라도 악수나 포옹 등 신체접촉은 금지이며, 대화할 때 상대방에게 침방울이 튀지 않도록 주의해야 한다.

이러한 사회적 거리두기는 우리 사회에서 소통이나 관계성에 있어서 많은 변화를 가져왔다. 코로나19 종식과 집단감염을 막기 위해 대면보다는 비대면으로 소통하고, 오프라인 관계보다는 온라인 관계가 지향된다. '타인과의 물리적 거리는 멀지만 온라인을 통한 심리적 거리는 더 가까이'라는 모토가 중요해지고 있다. 코로나19 상황에서 신체적 접촉을 제한하는 것은 불가피한 상황으로 코로나19의 확산을 늦출 수 있는 최소한의 장치이다. 하지만 코로나19의 대유행으로 인한 사회적 거리두기의 장기화는 인간이 서로 소통하고 관계 맺음을 통해 살아가는 존재라는 점에서 시민 개개인의 신체적, 심리적 건강에 대한 위기로 다가온다.

스탠퍼드 사회신경과학연구소 소장인 자밀 자키Jamil Zaki에 따르면, 사회적 거리두기는 코로나19의 확산을 저지하는 데 중요한 기본 요건이지만 모순적으로 사람들의 상호작용이라는 기본 욕구를 상당한 수준에서 방해하는 이율배반적 모습을 보인다. 인간의 상호작용이라는 욕구충족에 정면으로 배치되는 것이다. 특히, 사람들은 어려운 시기일수록 서로 격려하고 위로받고 싶은 충동을 느낀다. 실험에 따르면 사랑하는 사람의 위로와 격려는 스트레스는 물론 고통스러운 전기충격에 대한 뇌의 반응을 완화시킨다. 대조적으로 외로움은 심리적으로 독약과 같아서 불면증이나 우울증, 면역 및 심혈관 문제를 증가시키며, 만성적인 외로움은 하루에 15개비의 담배를 피우는 것과 유사한 사망 위험을 초래한다.[10]

코로나19 확산을 저지하기 위해 최소한도로 외출을 자제하는 것이 옳은 일이지만, 외로움이 만성화될 경우에는 코로나19 종료 이후에 장기적인 신체적, 정신적 건강 위기로 이어질 수 있다. 이러한 관점에서 온라인을 통한 '거리 둔 소통과 관계 맺음'은 사람과 사람들을 연결시키는 핵심 도구가 된다. 실제로 전 세계 인구의 절반이 그 어느 때보다도 적극적으로 온라인을 이용하고 있는 가운데 비대면과 비접촉을 의미하는 '언택트Untact' 문화가 일시적인 트렌드를 넘어 일상의 새로운 표준(뉴노멀)으로 자리 잡아가고 있다. 언택트는 코로나19 확산을 최소화하기 위한 사회적 거리두기 중요성이 강조되면서 비대면, 비접촉을 지향하는 새로운 소통 트렌드이다. 원래 언택트는 모바일 기반 스마트 서비스에 익숙한 MZ세대(밀레니얼+Z세대)의 부상에 따라 나타난 개념이지만 코로나19 여파로 비대면, 비접촉 환경이 중요해지면서 전 세계적인 트렌드로 떠오르고 있다. 이러한 언택트 소통 트렌드는 '비대면, 비접촉 온라인 소통'으로, 코로나19가 전국적으로 확산되면서 각종 오프라인 활동과 행사는 물론 소통이 상당한 수준에서 위축됨에 따라 그 어느 때보다도 비대면, 비접촉 방식에 의한 소통이 중요해지고 있는 상황에 따른 변화이다.

이에 페이스북이나 유튜브 채널 등의 사회관계망서비스SNS를 활용한 소통이 이전보다 적극적으로 이루어지고 있으며, 자신의 SNS에 각종 게시물을 올리거나 공유하는 자발적 참여가 매우 활발하게 나타나고 있다. 특히, 정부가 권장하는 사회적 거리두기 캠페인이나 외출 자제 등에 대한 응원과 격려, 슬기로운 자가격리생활, 올바른 손 씻기, 가짜뉴스에 대한 경각심을 알리는 게시물 등을 통해 서로를 위로하고 응원하는 새로운 관계 맺음으로 이어지고 있다는 점에서 현재와 같은 세계적 위기 상황에서는 전통적인 커뮤니케이션 방식보다는 소셜미디어 등의 온라인에 기반한 창의적인 소통이 더 효과적이라는 것을 시사한다.

이렇듯 한때 흔히 사용했던 소통방식을 재발견하게 되면서 온라인 소통을 통한 '서로를 향한 친절함', '긍정적 에너지와 함께하는 공동체 의식'이라는 새로운 소통 및 관계 맺음에 대한 재평가가 이뤄지고 있다. 자밀 자키는 〈친절을 위한 투쟁 : 조각난 세상에서 공감대 형성하기The War for Kindness : Building Empathy in a Fractured World〉라는 책에서 코로나19로 인한 사회적 거리두기로 인해 사람들이 서로 떨어져 있어도 함께할 수 있다는 인식이 중요하고, 어려운 시기를 함께 나눈다는 서로에 대한 위로와 공감이 필요함을 강조하고 있다.[11] 결국, 코로나19로 인한 사회적 거리두기는 의도치 않게 온라인을 통한 소통과 관계 맺음에 대한 재발견과 재해석을 가능하게 하였다.

그럼에도 불구하고, 온라인 등의 최신 기술에 익숙하지 않은 계층인 노인층은 심각한 고립과 외로움에 처할 위험이 높다. 이런 점에서 노인층은 코로나19에 가장 취약한 계층이다. 특히 사회복지사나 자원봉사자들의 도움 없이는 식사나 위생과 같은 기본적인 일상생활이 안 되는 노인층에게는 외로움과 고립감이 더욱 클 수밖에 없다. 비록 사회적 거리두기가 자발적인 선택과 참여로 이루어지지만, 오랫동안 어쩔 수 없이 사회적 관계로부터 떨어져 있던 취약 노인층에게는 감당하기 힘든 고통이 될 수 있다는 의미이다. 현재 코로나19로 인한 위기감은 단순히 집단감염이나 감염확산의 문제를 떠나 현재와 같은 위기상황에서 어떻게 하면 사회 취약계층에 대해 사회적 고립감을 낮출 수 있는 사회관계망을 만들어야 하는지를 고민하게 하는 계기가 되고 있다.

이에 코로나19 위기상황에 대응하는 우리의 행동을 다시금 정립할 필요가 있다. 취약계층인 노인들에 대해서는 새로운 기술을 접하고 이용할 수 있도록 돕고, 각종 소프트웨어를 설치하는 방법에 대해 인내심을 갖고 설명해줄 수 있는 노력이 요구된다.

최신의 커뮤니케이션 수단을 활용하지 않더라도, 소통방법에는 여러 가지가 있다. 얼마 전 이탈리아인들이 코로나19로 심신이 지친 사람들에게 발코니에서 노래를 불러주는 모습이 담긴 동영상이 전 세계에 잔잔한 감동을 주었다. 사람들은 이 단순한 행동을 통해 서로 떨어져 있더라도 함께 어려운 시기를 견뎌낼 수 있다는 희망의 메시지를 느낄 수 있었을 것이다.

이러한 모습은 국내에서 이루어지고 있는 '심리적 다가가기' 운동과 비슷하다. 원래 심리적 다가가기 운동은 일부 병원과 기업에서 직원 간 마음이 멀어지지 않도록 서로에게 좋은 책을 추천하고, 함께 읽기를 통해 소통을 강화함으로써 심리적으로 다가가자는 취지에서 비롯되었는데, 인스타그램 등 개인 소셜미디어 활동이 강화되면서 대학생들을 포함한 젊은 층으로 확대되고 있다. 예컨대, 영상통화나 단체 메신저를 이용하여 학교 과제나 수업 관련 프로젝트를 상호 의논하거나 가벼운 모임을 갖기도 하며, 외부모임을 자제하는 대신 지인들과 SNS를 이용해 좋은 글이나 사진, 이미지를 공유하는 등 자연스럽게 온라인 소통이 강화되고 있다. 지금까지 자신과 서로의 건강과 안전을 위해 두었던 사회적 거리두기는 사람과 사람 간의 간격을 두기 위한 물리적 거리에 불과하다. 그리고 온라인 소통은 물리적 거리두기가 사람들 간의 관계 거리두기로 진행되는 것을 막고 있는 것이다. 하지만 '사회적 거리'는 당분간 우리 모두가 사회적 약속으로 지켜야 할 덕목일 수밖에 없기에 '거리를 둔 친밀감'12이 요구된다. 이를 통해 노인층과 같은 사회적 취약계층을 포함, 시민 모두가 사회적 거리두기를 지키면서 고립되지 않도록 비대면, 비접촉으로 상호 모니터링함으로써 우리 모두 서로 연결되어 있다는 안도감과 소속감을 통해 고립감이나 소외감을 극복해나가야 할 것이다.

슬기로운 집콕 문화생활, 홀로라이프

코로나19 확산과 공동체 안전을 위해서 '집콕 문화생활'이 일상화되어 가고 있다. 아이러니하게도 언택트 문화가 코로나19 위기를 대표하는 문화로 자리 잡아가고 있다. 마스크 착용의 의무화와 사람 간 2m 거리두기 등 비대면, 비접촉을 대표하는 언택트 문화가 사람들의 일상적인 라이프스타일과 결합하면서 미술관이나 박물관, 공연장 등 대부분의 오프라인 행사는 잠정적으로 중단되었고, 온라인을 통해 다양한 전시와 공연을 즐기는 새로운 문화향유 방식인 언택트 문화가 새롭게 부상하고 있다. 이제 오프라인 문화생활을 대체한 온라인 문화생활로 방 안에서 편안히 앉아 무료로 각종 전

코로나19 확산은 비대면, 비접촉을 지향하는 새로운 소통 트렌드를 창출하였다. 이제는 '거리를 둔 소통과 관계 맺음'이 대세이다. ©Pixabay

시와 공연을 즐길 수 있는, 이른바 슬기로운 집콕 문화생활이 시작되었다. '집에서 누려요, 집콕 문화생활'이라는 슬로건처럼 코로나19 위기가 지속되고 그에 따른 사회적 거리두기가 완화되지 않는 이상 온라인을 바탕으로 한 문화예술 전시와 공연은 계속해서 확산될 것이다.

코로나19로 온라인 영상콘텐츠는 사람들로부터 가장 큰 관심을 받는 콘텐츠로, 사회적 거리두기 기간 중 가장 많이 이용된 콘텐츠이다. 뉴욕타임스는 'The Virus Changed the Way We Internet'이라는 기사를 통해 코로나로 인해 사람들의 여가생활이 어떻게 변화되었는지를 조망했다. 인간의 모든 활동에 있어서 사회적 관계가 중요하지만 전 세계적으로 이동이 제한되고, 사회적 거리두기의 중요성이 대두되면서 여가생활의 변화도 필연적일 수밖에 없다는 것이다.

가장 큰 변화는 업무나 교육, 소비, 여가 등의 활동이 기존 대면 중심에서 비대면 중심으로 변화하면서 사람들의 스마트 기기에 대한 의존도가 비약적으로 높아졌고, 전통적인 산업들의 침체가 더욱 가속화되면서 인터넷과 디지털 기반의 플랫폼 서비스를 제공하던 기업들은 이전과는 비교할 수 없는 새로운 기회를 맞고 있다는 것이다. 이에 '온라인을 기반으로 한 비대면 소통과 콘텐츠 기반의 문화'로 인간생활이 변화하였음을 강조하고 있다.[13] 코로나19 사태 이전에도 온라인과 콘텐츠 기반 문화는 존재하였으나, 이제 코로나19라는 위기의 상황에서 해당 기술의 사용은 선택이 아닌 의무가 되었다는 것이다.

이러한 여가활동의 변화 속에서 주지해야 할 사실은 넷플릭스나 유튜브가 주도하는 스트리밍 여가Streaming Leisure이다. 시장조사 기관인 글로벌웹인덱스GlobalWebIndex는 코로나19 사태로 인해 전 세계 미디어 소비량은 이전보다 대폭 줄었으나, 넷플릭스 등 스트리밍 서비스는 이용량이 대폭 증가하였다고 발표했다. 국내에서도 코로나19로 인한 사회적 거리두기 기간 동안 가장 많이 사용한 앱은 넷플릭스로 나타났고, 2020년 1분기에만 신규 가입자가 약 1,600만 명 증가해 1분기 매출은 2019년 1분기보다 약 28% 증가한 57억 6,769만 달러(약 7조 798억 원)로 추산된다.[14] 이처럼 대표적인 스트리밍 서비스인 넷플릭스 이용률의 증가는 많은 사람들이 주어진 환경에 맞춘 새로운 문화 및 여가 트렌드를 만들어가고 있음을 시사한다.

코로나19로 인한 여가활동의 변화는 게임분야에서도 목도된다. 코로나19 위기로 전 세계의 경기가 대부분 침체되고 있는 상황에서 게임산업은 오히려 호황을 이어나가고 있다. 과거와 비교해보면 게임산업의 성수기는 날씨가 너무 덥거나 추워 야외활동이 어렵거나 휴가철이나 방학 기간이 한창일 때이지만, 코로나19 상황에서는 집 밖에 나가지 않는 '집콕족'이 늘면서 여가활동으로 PC, 모바일, 콘솔 등의 기기를 활용하여 게임을 즐기는 이용자들이 늘었다. 글로벌 모바일 앱 분석업체 '앱애니'에 따르면, 코로나19 확산으로 전 세계에서 모바일 앱 사용 지표가 역대 최고치를 기록했다. 코로나19로 인해 전 세계적으로 넷플릭스, 유튜브, 게임 등이 코로나19 이후의 여가생활을 주도하면서 슬기로운 집콕 문화생활의 새로운 첨병으로 급부상한 것이다.

이러한 변화는 여가생활의 또 다른 전경全景으로 코로나 시대의 새로운 소비 키워드인 '홀로라이프'를 상징한다. 코로나 이전에는 자신의 만족과 가치를 중요시하는 '욜로YOLO'가 대세였다면, 코로나 이후에는 사회적 민감성이 더해진 소비 트렌드를 일컫는 말로 저성장, 저발전 시대에 삶의 활력을 불어넣는 소비습관인 '홀로HOLO'에 대한 관심이 높아지고 있다. '홀로'는 건강과 면역 용품Health care, 대용량 제품Oversize, 집콕 제품Life at home, 온라인 쇼핑Online shopping의 영어 첫 글자를 따 만들어진 용어로 홀로의 구체적인 4가지 트렌드의 특성은 다음과 같다.[15]

■ Health care(헬스케어)

위생용품을 비롯하여 면역력을 높일 수 있는 건강 관련 용품 판매가 늘고 있다. 마스크, 체온계 등의 위생용품을 비롯하여 건강식품에서 보양식까지 건강과 관련된 제품에 대한 관심이 높아졌다.

코로나19로 인해 건강 · 의료용품 판매량이 급증한 가운데, 마스크 등이 포함된 호흡 · 수면건강용품은 3배, 체온계 등이 포함된 건강 측정용품은 2배나 판매 신장했고, 실버용품 판매량도 증가했다. 면역력을 높이기 위해 영양제, 홍삼 등이 인기를 끌며, 때 아닌 보양식 열풍이 불어 장어, 삼계탕, 전복 등 보양식 관련 상품 판매량이 크게 증가했다.

■ Oversize(대용량)

사회적 거리두기로 외출을 자제하면서 자주 사용하는 생활용품 등을 한꺼번에 미리 구입해두는 경우가 많아졌다. 이에 따라 휴지, 기저귀, 세제 등 생필품이나 라면, 통조림 등 가공식품에 대한 대용량 수요가 늘어났다. 즉석밥, 통조림, 과자 등 대용량 가공식품의 판매량이 증가했고, 김치, 건어물, 잡곡 · 혼합곡 등의 대용량 신선식품 역시 판매가 급증했다. 생필품의 경우에 이러한 경향이 더욱 두드러졌다. 대용량 생필품 판매 역시 증가했는데, 세제 · 세정제, 화장지 · 물티슈, 구강케어 등을 포함한다. 기저귀, 분유, 이유식 · 유아간식을 중심으로 한 대용량 육아용품 판매 역시 증가했다.

■ Life at home(집콕 라이프)

집에 머무는 시간이 길어짐에 따라 노트북, 모니터 등 디지털 가전을 비롯하여 퍼즐, 블록 등의 장난감과 덤벨 같은 웨이트 운동기구나 다이어트 식품 등의 판매량이 증가하였다.

■ Online shopping(온라인 쇼핑)

오프라인 대신 온라인으로 물건을 구입하는 경우가 늘어나면서 온라인 쇼핑몰 판매량이 급증하였다. 직접 매장을 찾지 않아도 간편하게 구매할 수 있어 온라인 판매는 꾸준히 늘어나고 있다. 집에서 머무는 시간이 길어진 것이 소비패턴 변화에 직접적인 영향을 주었다. 오프라인 매장 대신 온라인 쇼핑 수요가 크게 늘어나면서 의류, 식품, 생필품 등 주요 품목의 판매량이 증가했다. 생필품, 바디 · 헤어제품의 판매가 증가했고, 집밥 차리기가 늘면서 식품 판매량이 증가했다. 커피 · 음료 판매도 늘었으며, 반려동물용품, 수입 명품과 브랜드 의류도 판매량이 늘었다.

코로나19의 확산은 집콕 문화생활과 홀로라이프라는 새로운 일상의 트렌드를 만들었으나, 예기치 못한 새로운 문제를 유발하기도 한다. 코로나19로 일상생활의 형태가 일정 부분 바뀌면서 가족 간 집에서 함께 머무는 시간이 증가하였다. 특히 부부가 함께 보내는 시간이 늘었는데, 10시간 이상 함께 있는 경우가 많아졌다. 부부 사이 접촉이 많아졌고, 그와 동시에 부부 간 갈등이 증가하면서 이혼으로 이어지는 사례가 보도되고 있다. 이에 '코로나 이혼Covidivorce'이라는 신조어가 생겨났다.

이러한 변화는 부부관계에만 국한되지 않는다. 여성가족부에서 실시한 청소년 종합 실태조사에 따르면 부모와 매일 저녁 식사를 같이 하는 청소년은 27%였고, 주중 부모와 함께 대화하는 시간 중 30분을 넘기는 경우는 44.4%뿐이었다.[16] 하지만 코로나19 상황 이후 온라인 학기가 시작되면서 아이들이나 청소년들이 집에 머무는 시간이 현저하게 늘어났고, 자녀를 돌보아야 하는 부모의 양육 스트레스와 피로감이 증가하면서 가정폭력 건수도 늘어나고 있다. 프랑스의 경우 가정폭력 신고 건수는 2019년 대비 32%, 영국은 20%

가량 증가한 것으로 나타났고, 우리나라도 2020년 아동학대 신고 건수가 2019년에 비해 10.7% 증가하였다.[17]

가정폭력이나 학대와 같이 심각한 수준은 아니더라도 가족은 애정과 사랑을 기반으로 한 공동체이다. 하지만 서로에게 상처도 줄 수 있는 존재이기에 가족 간의 사소한 갈등은 자연스러운 현상임을 감안하더라도 원만하게 해결하지 못할 경우에는 가정폭력이나 가정해체로 이어질 수 있다. 이에 가족 간 갈등을 어떻게 잘 해결하고 관리하느냐의 문제는 매우 중요한 사항이 되는데, 가족갈등에 잘 대처하면 서로를 보다 깊이 이해함으로써 이전보다 훨씬 건강한 가족(관계)으로 발전할 수 있다.

코로나로 인한 가족갈등을 해소하기 위해서는 생활 패턴을 변경하여 변화된 환경에 적응하는 것이 중요하다. 코로나19 이전에는

사회적 거리두기는 물리적 거리에 불과하다. '거리를 둔 친밀감'으로 확장하는 것이 중요하다. ©Pixabay

밖에 나가 다양한 사람들과의 상호작용을 통해 스트레스를 해소하였다면 이제는 집에서 스트레스를 해소할 수 있는 새로운 방법을 찾아야 하는 상황이다. 집에서 할 수 있는 간단한 운동을 통해 에너지를 건강하게 발산할 수도 있고, 식습관의 변화를 주며 일상의 단조로움에서 벗어날 수도 있다. 가족들이 집에서 함께 즐길 수 있는 콘텐츠를 찾아 건강하게 시간을 보내는 방법도 있을 것이다. 이렇듯 스트레스를 해소할 수 있는 건전한 방법을 찾는 것이 가장 중요하다.[18] 삼시 세끼를 모두 가족과 함께 하는 것보다 한 끼 정도는 혼자서 하는 것도 괜찮고, 가족 간 일정 정도의 공간 분리를 통해 혼자만의 여유로운 시간을 보낼 수 있도록 하는 것도 좋겠다. 물론 가족과 함께 보내는 시간이 증가한 것을 기회로 삼아 그동안 하지 못했던 가족 간의 대화를 통해 서로의 고민을 나누고 이해하는 계기로 삼는 것도 좋은 방법이다.

코로나19 사태로 인해 너무 갑작스럽게 생활환경이 변화하여 어떻게 그 상황에 적응해야 할지, 어떻게 스트레스를 관리해야 할지에 대한 것들이 혼란스러울 수 있으나, 이때 서로에게 가장 큰 힘을 줄 수 있는 존재는 가족일 것이다. 가족구성원 모두 각자의 역할에 충실하며 건강하고 편안함을 주는 관계로 변화하도록 노력하는 것이 갈등 해결의 첫걸음이다.[19] 어떻게 보면, 이것이 슬기로운 집콕 문화생활의 시작일지도 모른다.

홈트 · 랜선운동, 가족이 중심이 되는 놀이문화

코로나19는 사람들의 일상에 대변혁을 가져왔다. 그 결과의 하나로 언택트 문화가 부상하면서 주요 생활공간이 '집home'으로 집약되는 일상의 변화가 나타나고 있다. 바야흐로 집에서 학업, 업무, 여가 등 거의 일상의 대부분이 이루어지고 있는 것이다. 학생들은 집에서 온라인으로 수업을 듣고, 직장인은 재택근무를 하며, 넷플릭스나 유튜브를 통해 영화나 드라마 등을 보는 시간이 늘어났고, 대부분의 문화생활은 스트리밍으로 대체되었다. 이러한 모습들은 코로나19가 장기화됨에 따라 물리적 거리두기의 실천이 강화되면서 나타난 가정 내에서의 이색 풍경들이다. 영국 프리미어 축구선수 손흥민은 2020년 3월 31일 자신의 인스타그램 계정에 '안전하게 지내요stay safe'라는 메시지에 실내에서 운동하는 사진들을 올렸다. 영국에서 코로나19의 확산이 급증하면서 일시 귀국한 손흥민이 자신의 SNS를 통해 '홈트(홈트레이닝)'하는 모습을 공개한 것이다. 이러한 풍경은 국내에서도 쉽게 찾아볼 수 있다. 몇 달째 헬스장에 가지 못해 간단한 운동기구들을 집에 구비해두고 유튜브를 통해 '홈트' 영상을 찾아보는 게 일상이 되고 있다.

코로나19로 '집콕' 생활이 길어지면서 '확찐자'들의 운동과 다이어트 열풍이 불고 있다. '이제는 집에서 안전하게 운동하세요.' ⓒPixabay

최근 유튜브에서는 배구선수 김연경, 방송인 줄리엔 강 등 유명인이 직접 찍어 올린 홈트 영상이 화제가 되었다. 뿐만 아니라 서울시는 진종오, 서채연 등 스포츠 선수들이 등장해 함께 운동하는 '내 집 안 운동하기 홈 Fit' 영상을 제작해 배포하기도 하였다. '홈트족'이 늘어나며 온라인 PT도 성행하고 있다. 온라인 PT는 트레이너와 실시간으로 연결해 영상을 통해 소통하는 방식으로 운동하는 것이다. 라이브 형태로 진행되는 온라인 PT 서비스는 대면 접촉이 불가피하다고 여겨졌던 피트니스 서비스를 영상콘텐츠를 통해 제공한다는 점에서 미래의 새로운 피트니스 서비스로 기대되고 있기도 하다.[20]

이처럼 코로나19 사태로 인해 사람 간 접촉을 최소화하는 비대면, 비접촉 서비스들이 인기를 끌면서 헬스장이 아닌 실내에서 앱이나 영상을 통해 운동하는 '홈트레이닝', 일명 '홈트'가 주목을 받고 있다. 홈트레이닝이란 집을 뜻하는 영어 단어 '홈Home'과 운동을 의미하는 '트레이닝Training'의 합성어로, 줄여서 '홈트'라고 부른다. 홈트레이닝이 국내에서 처음 주목을 받기 시작한 건 2018년이다. 당시는 중국으로부터 날아온 황사에서부터 미세먼지가 절정을 이루던 시기로, 황사와 미세먼지에 대한 건강 위험 우려가 높아 실외보다 실내에서 운동하는 것을 선호하는 이들이 늘어났고, 운동에 개인 시간을 투자하기가 쉽지 않은 직장인들이 유튜브 등에 올라온 운동 영상을 보면서 따라 한 것이 계기가 되었다.

현재 코로나19로 '집콕' 생활이 길어지면서 헬스장에 가지 않고 집 안에서 운동하는 홈트레이닝에 대한 국민의 관심이 높아짐에 따라 '홈트' 시장도 급성장하고 있다. 아령에서부터 요가매트 등 홈트 관련 상품 판매가 증가하였다. 또한, 홈트 관련 전문 애플리케이션에서부터 유튜브나 온라인을 통한 홈트 코칭 서비스도 나타났다. 이 외에도 헬스장 대체 수요, 야외활동 감소로 인한 '확찐자(살이 확 쪘다는 것을 의미함)'들의 다이어트 열풍, 체계적이고 수치화된 운동 기록, 인공지능AI 신기술 적용 등이 맞물리며 홈트가 헬스케어 시장의 새로운 먹거리로 주목받는 것이다. 코로나19로 집에서 머무는 시간이 늘면서 10명 중 8명이 홈트레이닝을 해본 경험이 있는 것으로 조사되었다.[21]

이베이코리아에 따르면, 트위스트 운동기구, 에어보드, 아령, 헬스기구, 다이어트 용품 등 스포츠·레저용품 거래액도 대부분 높은 증가치를 기록하였다.[22] 그만큼 집에서 운동하기 위한 홈트 구매가 늘어난 것이다. 평소 운동을 즐기던 사람들은 코로나로 다중이용 시설인 헬스장과 체육 시설이 문을 닫자 집에서라도 운동을 하겠다며 홈트에 뛰어들었다. 평소에는 운동에 관심이 없었지만 '확찐자'가 되어 운동과 다이어트의 필요성을 절감하는 이들도 생겨났다. 덕분에 홈트 관련 콘텐츠에 대한 관심이 증가하였고, 유튜브 등에서 '확찐자'를 위한 다양한 영상콘텐츠가 홍수를 이루고 있다.

랜선 운동도 코로나19로 인해 새롭게 나타난 일상생활의 변화 중 하나이다. '랜선 이모', '랜선 남친'이라는 신조어가 반영하듯 요즘은 SNS에서 맺어진 다양한 관계에 익숙하고 소통을 당연시하고 있다. 같은 맥락에서 코로나19 사태로 해외 버스킹 계획에 차질이 생긴 SBS 〈트롯신이 떴다〉의 '랜선 버스킹' 역시 큰 반향을 불러일으켰다. 가수들이 랜선으로 연결된 팬의 얼굴을 보면서 공연을 펼쳤고, 뜻밖에도 가수들이 더욱 감동받는 모습이 연출되었다. 비록 랜선으로 연결된 화면으로 팬들을 볼 수밖에 없는 상황이었지만, 화면 속 팬들의 열렬한 응원과 메시지가 코로나19로 오랫동안 팬들

'랜선 교감'은 '랜선 감동'으로 이어지고 있다. ©Pixabay

앞에 설 수 없었던 가수들에게 진한 감동으로 이어졌다. 이른바 랜선을 타고 교감의 강력한 힘이 발휘되었고, 그 여운은 출연진이나 팬들 모두에게 전해졌다. '랜선 교감'이 '랜선 감동'으로 이어진 대표 사례일 것이다.

SM엔터테인먼트는 'Beyond LIVE'라는 콘텐츠를 도입, 세계 최초 온라인 전용 유료 콘서트를 열었다. 소속 가수인 슈퍼엠SuperM, 웨이브이WayV, 엔시티 드림NCT DREAM, 엔시티 127NCT 127이 전 세계 100여 개국을 대상으로 성황리에 공연을 마쳤다. SM엔터테인먼트는 증강현실AR 기술로 대형 스타디움을 구현하여 무대를 연출하거나, 컴퓨터 그래픽을 도입해 무대에 호랑이가 뛰어다니는 모습을 구현하였다. 오프라인 공연이었다면 세트나 소품으로 만들어졌을 요소를 영상 기술로 만들어낸 것이다. 기존 오프라인 공연을 대체하는 것을 넘어 '온라인 영상 콘서트'라는 새로운 영상콘텐츠 시장을 연 셈이다. 2020년 5월에는 〈랜선음악여행-트립 투 케이팝Trip to K-Pop〉이 온라인을 통해 생중계되었다. 미국, 일본, 인도네시아 등 전 세계 16개국에서 공연을 보려는 한류 팬들이 실시간으로 함께했다. 이 공연은 재생횟수만 38만 뷰 이상을 기록해 온라인 공연의 새로운 미래를 엿보는 기회를 제공했다.

집에 머무는 시간이 늘면서 이왕이면 즐겁고 재미있게 지내기 위한 가족놀이문화 트렌드도 뚜렷하게 나타나고 있다. 비록 비자발적이고 강제적인 집콕이었지만, 가족이 좋아하는 것을 함께 즐기고 가족을 위한 시간을 값지게 보내고자 하는 욕구가 증대하면서 가족놀이문화에 대한 관심도 높아지고 있다. 특히 몇 달째 이어지는 코로나19로 집 안에서만 생활하는 가족들은 긴장의 연속이며, 휴교가 이어지면서 놀이와 활동이 제한된 어린 자녀들과 함께하는 것은 여간 피곤한 일이 아니다. 이에 가족 간 공감대를 형성하고 가족력을 강화하고자 하는 가족놀이문화에 대한 관심이 높아지고 있다.

현재 가족놀이문화는 정부기관이나 지자체 주도로 이루어지고 있는데, 경북교육청은 코로나19로 인한 사회적 거리두기, 장기간 가정 내 생활, 온라인 학습 등으로 인한 학생과 학부모의 피로감 해소와 가족 간의 친밀감을 높이는 기회 제공을 위해 가족놀이 20선을 개발, 배부했다. 서울 강서구는 청소년과 가족들을 대상으로 가족 간 공감대 형성을 위한 온라인 플랫폼 활용 가족공감 '~라떼는 말이야'를 통해 부모의 어린 시절 이야기를 나누고 고무줄놀이, 실뜨기 등 추억의 놀이를 함께 즐겨보는 기회를 제공하기 위해 부모와 함께하는 실내놀이 영상을 공모하여 누구나 자유롭게 시청할 수 있도록 유튜브에 게재하였다.

재택근무 시대, 화상회의로 워라밸?

최근 우리 사회는 경제발전의 고도화 속에서 물질적인 것을 넘어 정신적인 행복을 추구하고 있다. 그 과정 속에서 새롭게 부상하고 있는 것이 바로 '워라밸'이다. 워라밸은 일Work과 삶Life의 균형Balance을 의미하는 신조어로, 장시간의 노동과 과도한 업무량에 지쳐 정작 본인의 진정한 행복은 무엇인지를 잃어가고 있는 사람들에게 하나의 기준점을 제시해주는 용어이다.

일과 삶 속에서 자신의 가치와 행복을 잃어가고 있는 사람들에게 워라밸을 찾기 위한 방법으로 제안된 것이 재택근무이다. 재택근무는 말 그대로 직장에 출근하지 않고 집에서 자신의 업무를 보는 것으로, 코로나19의 확산에 따라 사람 간 접촉을 최소화할 수 있는 대안으로 재택근무가 부상하였다. 특히, 사람들 간의 사회적 거리두기가 강조되는 시기에 사람 간 접촉이 빈번한 직장에서의 근무는 코로나19 감염 확산을 촉발시키는 촉매제로 작용할 수 있기 때문에 코로나19 감염을 원천 차단하기 위해서 학교는 개학을 미뤘고, 어린이집은 가정에서 아이를 돌보기를 권고하였으며, 일터에서는 '재택근무'가 시행되었다.

전 세계적으로 재택근무에 가장 적극적이고, 선구자적인 기업은 IBM이다. IBM은 이미 1980년대부터 일부 근로자의 집에 원격으로 근무할 수 있는 원격 인프라를 구축하였고, 1993년에는 본격적으로 재택근무를 도입하여 2009년에 이르러서는 IBM 소속 전 세계 근로자 38만 6,000명 가운데 40%가 재택근무를 하고 있다. 하지만 IBM은 2017년에 재택근무 제도를 철회하였고, 재택근무자들에게 '한 달 안에 거주지 지사 사무실로 복귀하거나, 그렇지 않으면

코로나19로 인해 사람 간 접촉을 최소화하는 재택근무가 다시금 주목을 받고 있다. 과연 재택근무는 이상적인 제도인지에 대한 새로운 논쟁이 시작되고 있다. ©Pixabay

회사를 떠나라'는 통보를 하였다. 그 이유에 대해 IBM은 재택근무의 비효율성을 들었다. 하지만 이번 코로나19 유행은 사상 최대의 '재택근무 실험'의 기회가 되고 있다.[23] 코로나19 이후에는 절대 이전처럼 재택근무를 막연한 '이상적 제도'로만 생각지 않고 보다 적극적으로 기업들이 도입을 검토할 것으로 예상된다. 코로나19의 습격은 분명히 우리의 생활을 한꺼번에 바꿔놓았고, 재택근무의 일상화 가능성을 높이고 있는 것이다.

미래학자들은 전 세계가 코로나 악순환의 고리에 빠진 상태이며, 코로나19 확진자 수가 줄어들어 안정권에 들어선다고 하더라도 결코 코로나19 이전의 생활로는 돌아갈 수 없을 것이라고 내다보았다. 이미 사회의 모든 관계가 변화하고 있고 또한 변화할 것이라는 이유에서다. 개인의 일상생활이 변화하고, 활동도 변하며, 사업장의 작업 역시 변화할 수밖에 없다는 것이다.

이러한 변화의 중심에는 재택근무도 포함된다. 강력한 이동제한(봉쇄) 조치를 취한 서구 선진국에서 재택근무자들이 크게 늘어났다. 미국 시엔비시CNBC의 설문조사에서는 응답자의 42%가 재택근무 중이라고 답변하였고, 전미실물경제협회NABE의 2020년 4월 조사에서는 응답자의 50%가 종업원의 5분의 1(1/5) 이상을 재택근무시켰다고 답변하였다.[24] 미국 질병통제예방센터CDC는 신종 코로나 확산 방지를 위한 '기업과 고용에 관한 지침'에서 "고용자들 간의 물리적 거리를 늘리기 위해 원격근무와 같은 탄력 근로 정책을 수립할 것"을 권고하였고, 미 항공우주국NASA은 모든 직원들이 추후 공지가 있을 때까지 원격근무를 실시할 것이라고 밝힌 이후에 약 1만 7천여 명의 직원 전체가 재택근무를 실시하고 있다. 뉴욕에 본부가 있는 유엔UN의 경우, 코로나 확산 방지를 위해 3천여 명의 직원들에게 일정 기간 재택근무를 지시했다. 트위터는 한국, 홍콩, 일본에 파견된 직원들에게 재택근무에 관한 업무 지침을 발표하였고, 2020년 2월부터는 중요하지 않은 출장 및 행사를 중단시켰다. 제니퍼 크리스트Jennifer Christie 트위터 인사담당자는 블로그 게시물을 통해 "트위터의 전 직원은 집에서 일해야 한다. 우리는 이것이 전례없는 조치라는 것을 알고 있지만, 지금은 전례가 없는 시대다"라고 밝힌 바 있다. 아마존, 애플, IBM, 페이스북 등 주요 IT 기업들도 마찬가지다. 코로나19의 확산을 늦추고, 과중한 업무에 시달리는 의료 시스템의 부담을 줄여달라는 보건당국의 요청에 따라 출장 제한과 재택근무를 시작하였다.[25]

우리나라에서도 삼성, 현대차, SK, LG, 롯데 등 국내 주요 대기업들을 중심으로 사회적 거리두기 동참 차원에서 한시적으로 재택근무제를 도입하였다. 코로나19 사태가 장기화할수록 재택근무를 검토하고 도입하는 기업은 더욱 늘어갈 것임은 자명하며, 구글이나 트위터, 페이스북, 아마존, 마이크로소프트 등 세계의 주요 IT 기업들은 봉쇄조치가 해제되더라도 재택근무를 계속해서 유지할 의향이 있다고 밝힌 바 있다.

재택근무 확산 흐름에 맞춰 '공유 오피스'에 대한 수요가 늘어나고 있다. 집에서 일하기 어려운 직원이나 대면 접촉이 불가피한 업무가 생길 것에 대비해 기존 사무실과 집을 잇는 '중간 거점'으로서 공간이 필요해진 것이다. SK텔레콤이 '거점 오피스'를 확대하겠다고 밝힌 것도 같은 맥락이다. 코로나19로 많은 기업들이 재택근무가 가능함을 경험한 만큼 사무실 개념 자체도 달라지고, 전통적 사무실 개념은 코로나19 이후 차츰 희미해질 것이며 자연스럽게 원격 회의를 동반할 것으로 예상되고 있다. 결국, 코로나19가 기술보다는 문화적으로 더 큰 변화를 가져온 셈이다.

새로운 위기는 늘 그렇듯이 기술의 발전을 촉진시킨다. 하지만 재택근무를 처음 접한 사람에게는 생소한 도전이다. 전문가들은 재택근무가 지속되리라는 것에 대해서는 이견의 여지가 없으나, 집안에 임시로 만든 업무용 책상을 사용해야 하고, 불편한 의자에 앉아 일하며 허리 통증을 걱정하고, 그동안 사무실에서 일하던 직원들에게 컴퓨터 장비를 설치하게끔 하여 업무시간에 접속해 있도록 업무 문화를 만드는 것도 결코 쉬운 일이 아니라고 강조한다.

현재 많은 국가들이 '프리젠티즘Presenteeism(출근이 쉽지 않은 상황에서도 출근하는 것)' 문화로 고통받고 있다. 영국에서는 직장인의 83%가 정신적, 육체적 건강 상태와 무관하게 출근하라는 압박을 느꼈다고 한다. 미국 가정의 약 15%는 인터넷을 갖추고 있지 못하다. 직장인 5명 중 1명은 사무실에서 업무 중에 자리를 비우는 데 죄책감을 느끼며, 이로 인해 업무에 덜 전념한다는 인상을 주게 될까 우려하고 있다. 국내에서도 코로나19로 인한 재택근무가 본격 시작되면서 직장인들 사이에서 재택근무에 대한 후기가 쏟아지고 있다. 예를 들면, “출근 준비와 만원 지하철로 왕복 이동하는 데 3시간이나 걸렸는데 시간을 아낄 수 있다”, “회사에 있을 땐 임원이 툭하면 회의를 소집했는데 재택을 하니 불필요하고 의례적인 회의가 줄어들었다” 등 긍정적인 의견부터 “전화 회의를 하는데 아이가 울어 제대로 참여하지 못했다”, “집에서는 어쩔 수 없이 집중도가 떨어진다”, “일을 대충한다고 생각할까봐 오히려 스트레스다” 등 불만까지 다양한 반응이 나타났다.

재택근무를 위해서는 근로자 개개인의 업무 성과를 측정할 수 있는 공통의 시스템, 그리고 사무실과 같은 수준의 근무환경 조성을 필요로 한다. 이에 인프라 문제로 재택근무를 실시할 수 없는 회사가 있을 수 있다. 사생활과 업무가 분리되지 않아 힘들어하는 근로자도 있을 것이다. 민감한 업무를 수행할 경우에는 상대적으로 보안이 허술한 집에서 일을 수행하기에 해킹의 위험성이 높아질 것이다. 또한, 일부 기업의 경우에는 재택근무로 인한 업무의 효율성 저하를 막기 위해 다양한 방법을 도입할 것이다. 예를 들면, 매 시간마다 업무보고서를 작성하게 하거나 화상캠을 이용하여 착석상태를 확인하며, 과도한 업무를 부여하여 근로자가 쉴 수 있는 시간을 주지 않으려고 할지도 모른다. 뿐만 아니라 재택근무 시행 시 직원들이 직접 얼굴을 맞대고 일을 하면서 복잡한 문제의 해결책을 찾고 창의적인 아이디어를 내는 기회를 잃을 수 있다. 또 신입사원 교육에 부정적인 영향이 있을 수 있다. 노동자는 회사 일과 집안일을 모두 수행하느라 집에서 '번아웃'되는 상황을 맞을 수 있다. 일터와 쉼터가 같은 공간이라는 점은 육체적, 정신적 피로를 가중시킨다. 퇴근해도 쉬는 것 같지 않고 집안일과 업무가 뒤섞이며 업무시간이 늘어날 수 있다. 이러한 재택근무의 한계는 오히려 근로자들의 의욕을 저하시키는 결과를 야기할 가능성을 높인다.

코로나19 이후 기업은 위험과 기회가 병존하는 시대를 맞이할 것이다. 기회 요인으로는 출퇴근 시간과 비용을 줄일 수 있다는 점을 꼽을 수 있다. 인재 채용의 범위가 넓어지고 일과 삶의 균형이 확대되는 이점도 있다. 위험 요인은 소속감이 옅어지며, 기업문화 유지를 어렵게 하고 직원 간 협력과 아이디어 개발에 걸림돌이 될 수 있다. 직원들로선 일과 삶의 경계가 모호해지고, 기업으로선 보안 문제가 심각해질 수 있다. 유럽 에메아공정연구소 로버트 갈릭 소장은 코로나19 팬데믹이 디지털 흐름을 가속화하고 새로운 관행과 가능성, 사고방식의 문을 열었지만, 역사상 가장 큰 노동실험이 시작되었다고 평가하였다. 하지만 네덜란드는 다른 국가들과 달리 꽤 많은 사람들이 원격근무를 해왔기에 큰 어려움을 겪지 않았으며, 노동자들에 대한 커다란 신뢰와 원격근무에 필요한 디지털 환경에 대한 이해를 보여주고 있다. 이에 코로나19 이후의 미래를 구상 중인 많은 국가와 기업들이 네덜란드를 눈여겨보고 있다. 결국, 코로나19가 사무실 기반이 줄어든 미래로 이끌고 있는 만큼, 기업들은 많은 것을 이해하고 적응해야만 할 것이다.

코로나 블루와 심리방역

코로나19 사태에서 감염과 전염 외에도 함께 고민하고 풀어야 할 일들이 생겨나고 있다. 불필요한 외출이나 출근도 자제할 것을 요구받고 있는 가운데 코로나 감염 확대에 따라 직업, 가정, 학업, 취미에 이르는 일상의 모든 영역이 변화하고 있으며, 사람들의 마음에는 우울감, 불안, 염려뿐만 아니라 사회적 단절, 무기력감 등 다양한 강도와 범위의 심리적 문제들이 나타나고 있다. 실제로 코로나로 인해 자신의 감정을 제대로 통제하지 못함으로써 불안이나 분노, 우울로 발전하는, 이른바 '코로나 블루'에 대한 위험성이 커지고 있다. 코로나 블루는 '코로나19'와 '우울감blue'의 합성어로, 정확한 의학 용어는 아니며 신조어이다. 코로나 블루는 코로나바이러스 확산에 따른 바이러스 이외에 바이러스로 인한 영향으로서 불안과

'코로나19'와 '우울감'의 합성어인 '코로나 블루'가 코로나바이러스와 함께 확산되고 있다. 심리적 방역이 왜 중요한지를 보여주는 사례이다. ⓒPixabay

공포에 대한 심리적 반응이라고 할 수 있다.[26] 한국트라우마스트레스학회에 의하면, 국민의 10~20%는 임상적인 관심이 필요할 정도로 불안감을 느끼는 것으로 나타났다.[27] 심할 경우에는 불안이나 우울 증세로 인해 잠을 제대로 이루지 못하는 상황으로까지 발전하기 때문에 전문 의료진의 도움이 요구되기도 한다.

물리적 방역뿐만 아니라 심리적 고통을 호소하는 사람을 위한 '심리적 방역'이 필요한 상황이다. 코로나19로 인한 스트레스는 건강염려(열이 나는 것 같은 느낌, 작은 증상에 코로나가 아닐까 걱정 등), 불안, 불면, 기침하는 사람을 피하거나 주위 사람들이 병을 옮길지 모른다는 염려, 내가 감염되면 격리되거나 비난받을까 하는 걱정, 실제 격리되면서 겪는 우울함, 답답함 등 다양한 신체 증상을 유발한다. 신체적, 정신적 충격으로 인한 스트레스 반응은 증상이 일시적으로 나타났다가도 충격의 원인이 없어지면 사라지는 것이 정상이다. 그러나 이번 코로나19 사태처럼 장기적인 스트레스는 이차적인 정서불안을 유도해 더 심한 신체 증상을 유발한다. 인간은 기억과 예측할 수 있기 때문에 스트레스 상황을 기억하고, 지속되는 위험 속에서 재충격의 두려움, 위험이 가까이 있거나 점점 다가오는 것 같은 불안 등을 더 강하게 느끼게 된다.[28]

사람들이 가장 어려움을 느끼는 부분은 '일상생활의 중단'이다. 자신이 꾸준히 해오던 취미활동, 운동, 사람과의 어울림이 한순간에 중단된 경우가 많다. 더불어 야외활동이 제한되면서 집에만 머물며 코로나19 관련 뉴스를 계속해서 보게 되는데, 우리에게는 이른바 '공감 능력'이라는 것이 있어 좋은 이야기에는 기분이 좋아지지만 나쁜 소식에는 모두를 불편하게 한다. 이는 심리방역에 가장 안 좋은 행동이다. 종일 앉아 뉴스만 보면, 햇빛을 보지 못하고 자연스레 운동량이 저하되고, 스트레스를 이겨내는 심리적인 힘도 결국은 몸에서부터 비롯되기 때문에 최소한 실내에서 창문을 열고 햇볕이 드는 곳에서 운동해야 한다. 햇볕을 쬐면 행복을 느끼게 하는 호르몬 세로토닌 분비량이 늘어난다. 이와 함께 타인과 '소통'을 유지하는 것도 중요하다. 자신이 생각하기에 소중한 사람, 믿을 수 있는 사람과 전화 혹은 SNS 등을 이용해 어려움을 솔직히 털어놓는 것이 좋다. 가장 도움이 필요한 사람은 자가격리자, 확진자, 코로나 감염으로 가족을 잃은 유가족들이다. 특히 유가족은 장례조차 제대로 치를 수 없어 심적 고통이 말로 표현할 수 없을 정도로 크다. 또한, 자가격리자 역시 일반인보다 불안장애, 불면증을 겪을 가능성이 크다. 하지만 남을 돕는 이타적인 경험을 한 사람은 자가격리 기간을 후유증 없이 이겨낼 수 있다. 자신만이 아니라 사회의 건강함을 지키기 위해 희생하고 있다는 감정을 공유하는 등 이 시기를 잘 헤쳐 나아갈 수 있도록 서로 응원하는 것이 필요하다.

독립생활을 하는 일부 생명체를 제외하고, 대다수 동물은 본능적으로 사회적 관계를 필요로 한다. 단지 생존에 유리해서가 아니다. 우리 뇌가 본능적으로 원하기 때문이다. 사람의 체취와 체온은 교감신경의 흥분을 낮춰 정서적 안정감을 가져다준다. 장기적으로는 심혈관 질환, 면역 기능에 변화를 줘 수명에도 영향을 미친다. 2020년 1월 6일 미국 국립과학원회보PNAS에 루마니아 고아원 아이들을 대상으로 한 연구가 실렸다. 연구진은 생후 1년 동안 다른 이의 품에 안긴 적 없던 루마니아 고아들 67명의 뇌를 자기공명영상MRI으로 관찰했다. 그 결과 일반 입양아들에 비해 루마니아 고아원 입양아들의 뇌 부피가 약 8.6% 작은 것으로 나타났다. 심지어 고아원에서 보낸 시간이 1개월 길수록 뇌의 부피는 0.27% 더 감소했다.

극단적 사례이기는 하지만, 관계 맺기의 중요성을 여실히 보여준다. 결국, 지속되는 외로움은 뇌 구조를 변화시키고 이로 인한 정서적, 사회적 장애를 만든다. 그렇기 때문에 1인 가족 및 독거노인에게 현재의 상황은 더욱 심각하게 다가올 수 있다. 게다가 기존에 기분장애나 불안장애를 지닌 사람이라면 증상이 더욱 악화될 수 있다.[29]

이 상황을 어떻게 대처하면 좋을까?

첫째, 올바른(정확한) 지식을 얻어야 한다. '올바른' 지식을 가지고 있어야 스트레스에 적극적으로 대응할 수 있다. 올바른 지식으로 제일 중요한 것은 감염으로부터 우리를 보호하는 것이다. 그리고 불확실한 소문에 현혹되지 않고 흔들리지 않는 것도 중요하다. TV나 인터넷에는 신종 코로나 관련 정보가 넘쳐난다. 진위가 확실치 않은 것도 산재되어 있어 불안을 키우고 있으므로 정보를 받아들이는 데에 신중해야 한다.[30]

둘째, 무엇보다 규칙적인 생활이 중요하다. 불규칙한 생활로 인해 수면이 부족하면 몸과 마음에 좋지 않은 영향을 받게 된다. 우울증은 일주기 리듬이라는 생체시계가 망가질 때 경과가 나빠진다. 집에 틀어박혀 햇빛을 받지 않으면 생체시계의 리듬이 무너져 낮에 머리가 멍하고 밤에는 얕은 잠밖에 못 이루게 된다. 일정한 시간에 일어나 활동하고 규칙적으로 운동을 하는 것이 도움이 된다. 심리적으로 복잡하고 어려울 때, 특히 활동 범위가 줄어들어 위축될 때는 무조건 몸을 움직이는 것이 도움이 된다. 운동을 하면 뇌가 건강해진다는 연구결과들은 수도 없이 많다. 공원, 강변, 운동장 등 야외에서 30분 이상 몸을 움직이고 햇살을 받는 것은 아주 이롭다. 혼자든 여럿이든 상관없다. 몸을 움직이자. 이것이 이 우울한 시기를 잘 벗어날 수 있는 진리이다.[31] 불안감을 지우기 위해서는 몸을 많이 움직이는 것이 좋지만 좁은 실내공간에서 하는 운동보다는 넓은 공원에서 산책을 하거나 혼자 할 수 있는 야외 운동을 하면서 기분을 전환하는 것이 좋다.

셋째, 슬픔과 불안 같은 감정은 가득 차면 넘치기 마련이다. 정신적인 안정을 건강하게 유지하는 것이 매우 중요하다. 심리적 안정감은 자신이 사회의 일부분이라는 것을 자각할 때 온다. 사람들은 사회에서 잊힐까, 필요한 존재가 아닐까, 내 자리가 없을까 등을 걱정하지만 사회생활을 통해 이에 대한 해답을 찾았을 때 심리적 편안함을 얻는다. 아무리 내성적인 성향이더라도, 이 부분에 있어서는 동일하다. 이러한 고민이 일시적이라는 기대감이 있다면 그나마 낫지만 장기간 지속되면 자신에 대한 확신이 근본적으로 흔들릴 가능성이 높다. 연구진은 격리의 심리적 영향을 분석한 24편의 논문을 종합한 결과, 정신적 피해를 감소시키기 위한 몇 가지 방안을 제시했다. 감염에 대한 막연한 두려움을 해소할 수 있도록 정확한 정보를 충분히 습득할 것, 고립으로 인한 지루함 · 우울감을 줄일 수 있도록 가족, 친구, 동료와 온라인을 통한 소통이라도 지속할 것 등이다. 또한, 강요보다는 스스로 필요성을 납득해 자발적으로 격리에 참여하는 것이 정신적 피해를 줄일 수 있다고 덧붙였다.[32]

사실 코로나19 사태가 한 개인의 문제일 수는 없다. 전 세계가 전례 없던 감염병을 경험하고 있으며 이는 세계인이 동참하여 해결해야 할 과제이다. 그리고 언젠가는 끝이 날 것이다. 그때까지 견뎌내고 살아남는 것이 우리가 할 일이다. 불안한 상태가 계속되면 정신적인 평온을 유지하는 것은 어려우므로 조심하고 주위의 도움을 구해야 한다. 자기 관리를 잘하고 마음의 소리에 귀를 기울여야 한다.

03.

경제 및 비즈니스 패러다임의 전환과 과제

NEXT NORMAL

컨테이너 경제의 위기와 넥스트 노멀 경제의 부상

세계적인 석학들은 세계 경제의 질서는 코로나 전과 후로 나누어질 것이라고 말한다. 무엇보다도 1930년대 대공황 수준의 최악의 경제 위기가 올 수 있다고 전문가들이 입을 모으고 있다. 1930년대 대공황은 금융시장의 대혼란과 대규모 실직 사태가 일어나 당시 미국을 비롯한 서구의 사회체계를 뒤흔든 역사적 사건이다. 단적인 예를 들자면 제2차 세계 대전의 근본적인 원인 중 하나로 대공황이 꼽힐 정도이다. 그런데 코로나19 사태로 인한 경제위기가 대공황 수준이라는 전문가들의 진단(아니면 더 심각할 수도 있다는 진단)은 등골을 서늘하게 한다.

무엇보다도 글로벌 경제구조의 대대적인 변화가 있을 것으로 예측되는바, 세계 경제의 중요한 기조였던 소위 '컨테이너 경제'의 위기에 대한 징후가 뚜렷하다. 실제로, 코로나19 사태의 영향으로 2020년 전 세계 컨테이너 물동량이 12% 줄어들 것이라는 예측들이 나오고 있다. 한국해양수산개발원KMI이 분석한 '코로나19 확산의 경제적 파급효과와 해상물동량 변화 전망'에 따르면 2020년 전 세계 컨테이너 물동량은 12% 감소할 것으로 예측됐다. KMI는 국제통화기금IMF과 해운조사기관 등이 최근 내놓은 분석 자료를 바탕으로 이런 예측치를 내놨다. IMF는 2020년 전 세계 무역 규모가 11.0% 감소할 것이라고 예측한 바 있다. IMF는 특히 개도국에 비해 선진국의 수출입 감소가 클 것으로 전망했다. 수출성장률의 경우 개도국은 9.6% 감소하는 데 비해 선진국은 12.8% 감소하고, 수입성장률은 개도국은 8.2% 감소하지만 선진국은 11.5% 감소할 것으로 IMF는 각각 예측했다. 해운조사기관 알파라이너Alphaliner는 주요 컨테이너 선사들의 3월 기준 공급 감축률이 아시아-북미 항로는 16.7%, 아시아-유럽 항로는 11.2%에 이른다고 발표하고 있다.[33] 이에 글로벌 가치사슬Value chain 및 공급사슬Supply chain의 붕괴가 심각한 문제가 될 수 있다.

컨테이너는 철을 용접한 투박한 상자이지만, 컨테이너가 있었기에 현재 우리가 누리고 있는 당연한 것들이 가능할 수 있었다. 컨테이너의 도입으로 운송 시간의 단축은 물론이고, 이전에는 상상도 못할 정도로 운송비를 절감했다. 1956년 4월 26일 오래된 유조선을 개조한 '아이디얼-X'호가 알루미늄으로 만든 최초의 컨테이너를 싣고 운항한 이후, 인류의 물류수송에서 일대 혁명을 가져온 발명품이다. 컨테이너 시스템이 거액의 운송비를 절감시켜준 결과 세계 경제는 새로운 동력을 얻었다. 개발도상국들도 예전보다 훨씬 낮은 물류비용으로 선진국에 저가 생필품이나 부속품을 수출할 수 있게 됐다. 한국도 혜택을 입었다. 부산항의 도약에는 1970년부터

코로나 팬데믹은 기존 컨테이너 경제에 큰 위기를 가져오고 있다. ©unsplash

시작된 컨테이너 하역의 힘이 컸다는 것이다.[34]

코로나19로 인한 WHO의 팬데믹 선언은 컨테이너로 대표되는 글로벌 무역경제의 흐름을 둔화시키고 있다. 전 세계 각국에 큰 타격이다. 예컨대, 중국은 코로나19 영향으로 공장이 생산을 멈추면서, 2020년 1~2월 수출은 2,924억 5천만 달러로 1년 전보다 17.2% 폭락했다. 무역수지는 70억 9천만 달러 적자를 기록했다. 가히 위기의 상황이다.

항공업계의 위기도 심각한 수준이다. 막힌 하늘길은 일자리도 앗아가고 있다. 코로나19 확진자와 사망자가 늘어날수록 먼저 하늘길이 막혔다. 한국을 포함한 대부분 국가는 확진자가 많이 발생한 국가를 경유한 승객의 입국을 금지하거나, 심한 경우 공항을 폐쇄했다. 이러한 공항의 폐쇄와 항공기 이착륙의 불허는 관련 업종인 관광업과 면세점업 · 호텔업, 항공기와 관련 있는 지상조업, 항공기 정비업과 기내식 납품업, 그리고 공항의 유지관리 · 운영업까지 고용 불안으로 이어지고 있다. 위기의 도미노 현상으로 물류의 문제가 다른 산업까지 영향을 미치고 있는 형국이다.

무엇보다도 예기치 않은 코로나19의 역습은 세계 경제의 마비를 가져왔다. 이러한 경제 마비는 바이러스를 따라 동아시아, 유럽, 북미로 옮겨붙는 상황이다. 그 핵심에 '공급체인' 붕괴가 있다. 2003년 사스(중증급성호흡기증후군)는 아시아를 휩쓸고 빠르게 세계로 퍼져나갔다. 당시 우려는 매우 컸으나 생각보다 경제적 피해는 적었다. 이번엔 다를 것으로 예측된다. 무엇보다도 중국 경제는 더 커졌고 세계 경제구조는 더욱 밀착력이 높아지고 있다. 중국 국내총생산GDP은 당시의 4배로 늘었다. 세계 무역에서 차지하는 비중은 무려 10배나 커졌다.[35]

이에 기존의 '글로벌'을 화두로 한 경제구조의 변화가 크게 일어날 것으로 예측된다. 코로나가 세계 경제를 BCBefore Corona와 ACAfter Corona로 나눌 만큼 큰 혁신과 변환점이 올 것이다.

예컨대, 지금까지 총비용Total Cost(생산비+물류비+관세 등) 절감의 방법으로 자동차산업·전자산업 등을 중심으로 광범위하게 추진되었던 글로벌 집중 생산은 일본, 태국 등의 연이은 자연재해에 이어 이번 코로나19 사태로 공급망의 심각한 단절을 경험해 더 이상 확대하기 어려워졌다. 이에, 다국적기업들은 제품 생산의 차질이 생기지 않도록 생산거점의 다변화 작업과 공급체인의 안전화를 위한 안전재고 확보 작업에 돌입했다.

외국에 나가 있던 자국 기업들의 유턴도 그러한 변화의 일환이다. 이를 리쇼어링reshoring이라고 한다. 리쇼어링은 해외에 진출한 국내 제조 기업을 다시 국내로 돌아오도록 하는 정책을 의미한다. 비용 절감을 위해 생산과정의 일부를 해외로 이전한 오프쇼어링offshoring의 반대되는 개념이다. 최근 미국의 트럼프 행정부에서 리쇼어링 정책을 강력하게 추진하였는데, 미국기업에 대한 강제적 정책수단과 더불어 법인세율 인하(2018년 35%→21%), 해외공장 생산제품의 미국 역수출에 35%의 관세 부과 등이 그 대표적인 내용이다. 무엇보다도 리쇼어링으로 미국 내 제조업 일자리가 171,000개 늘어난 것은 큰 의의라 할 수 있다.[36]

무엇보다 코로나19 사태는 해외 공급망에 내재된 리스크가 실현될 경우 기업의 생존이나 국가 전략제품 공급에 얼마나 큰 위협이 될 수 있는지 보여주는 생생한 계기를 제공했다. 이에, 각국의 기업과 정부는 앞으로 코로나19로 인한 공급망 리스크를 회피하기 위한 전략을 강화하고자 할 것이며 전 세계 생산과정, 생산방식, 생산기지의 재배치 과정에서 리쇼어링에 대한 관심과 중요성은 코로나19 이전보다 한층 높아질 것으로 전망된다.

세계적으로 산업재편도 예견되는바, 향후 성장세가 정체 또는 후퇴할 산업은 '관광(항공, 여행, 호텔)', '교육(유학생, 학원)', '공연 · 영화', '음식점', '유통(백화점, 면세점, 대형마트의 오프라인 부문)', '제조업' 등이 될 것이며, 반면 성장세가 상승할 부문은 '재택근무용 클라우드 컴퓨팅 IT인프라', '1인 제조와 자동화', '온라인 쇼핑', '화상회의 플랫폼', '케이블TV · 넷플릭스 · 스트리밍 동영상', '물류(택배, 배달)', '원격진료' 등으로 디지털화의 급속한 확산과 결합하면서 발전할 것으로 예측된다.[37] 실제로 집콕족들이 늘어나면서, 원래 상한가를 치던 OTT기업인 넷플릭스가 '킹덤'이 되고 있다는 평가이다. 원래 '킹덤'은 한국에서 제작한 넷플릭스 오리지널 시리즈로 '조선시대 좀비물'이다. 넷플릭스가 집 안에 갇힌 사람들의 주요 즐길 거리가 되면서, 2020년 1/4분기 약 1,600만 명이 계정을 만들었고(2019년 마지막 분기 신규 가입자 수의 두 배) 넷플릭스의 주가는 30% 이상 상승했다. 코로나19가 산업 부문의 명암을 새롭게 바꾸고 있다.

새로운 표준이 필요하다. 정치, 경제부터 세계화 흐름까지 불과 몇 달 만에 송두리째 뒤바꾼 코로나의 위력으로 이제 넥스트 노멀은 거부할 수 없는 자연스러운 흐름으로 자리 잡게 되었다.

코로나 이전의 상식과 표준은 이제 돌아올 수 없다는 의견은 단순한 전망이 아닌 현실이 되고 있다. 코로나가 종식되더라도 기존의 경제패러다임은 유효하지 않다. 헨리 키신저 전 미국 국무장관은 월스트리트저널 기고에서 "코로나19 사태가 세계 질서를 영원히 바꿔놓을 것"이라고 전망하고 있다. 새로운 경제의 키워드로 국수주의, 보호주의, 탈세계화deglobalization를 꼽고 있기도 하다. 이는 우리에게 익숙한 공유경제, 글로벌화와는 궤를 달리하는 콘셉트들이다. 글로벌 경제가 촘촘하게 엮여 있던 지구촌 시대는 코로나라는 장벽으로 그 헐거움이 더욱 강해지고 있다. 또한, 코로나19처럼 전혀 예측 불가능한 '카오스chaos'적 상태가 일상이 될 수도 있다는 두려움도 제기되고 있다.

예측은 난무하지만, 코로나가 걷히고 우리에게 어떠한 상황이 펼쳐질지는 예측하기 어렵다. 무엇보다 중요한 것은 지금 우리에게 필요한 자세는 기존의 성공 방정식에 안주하는 태도를 버리는 것이다. 코로나19는 그동안 우리가 해결해 보지 못했던 새로운 위기라는 인식이 필요하다.

무엇보다 이전과는 다른 경제위기를 극복할 키워드로 '상호/호혜'라는 단어를 눈여겨볼 필요가 있다. 국가 혹은 기업들 사이에 서로(상호) 평등하게 혜택을 누리도록 배려하고 베푸는 일이 지금과 같은 위기 상황에서 무엇보다 긴요하다. 가뜩이나 어려운 코로나19 사태 속에서 치열한 경쟁과 서로에 대한 반목에 발목을 잡힌다면, '죄수의 딜레마'38나 '공유지의 비극'39을 면하기 어렵다. 기업이 보

코로나19 사태는 기업, 국가 간의 경제협력과 상호호혜 정신을 요구하고 있다. ©Pixabay

이는 희생, 진정성은 언제든지 큰 자산이 될 것이다. 눈앞의 이익이 아닌, 큰 숲을 보는 지혜가 필요하다.

언택트 시대 그리고 홈코노미 경제

코로나19 사태로 우리에게 익숙해진 말이 있다. 바로 비대면, 언택트Untact이다. 콘택트contact(접촉하다)에서 부정의 의미인 언un-을 합성한 말로, 기술의 발전을 통해 점원과의 접촉 없이 물건을 구매하는 등의 새로운 소비 경향을 의미한다. 키오스크나 VR(가상현실) 쇼핑, 챗봇 등 첨단 기술을 활용해 판매 직원이 소비자와 직접적으로 대면하지 않고 상품이나 서비스를 제공하는 사례가 해당된다. 이러한 언택트의 확산 배경은 인구 구조의 변화로 점차 대면 관계를 꺼리는 소비자의 태도와 비대면 기술의 발전, 그리고 단연 코로나19의 영향을 손꼽을 수 있다. 기존의 언택트 트렌드는 '나 중심'의 개인주의적 성향이 짙은 젊은 세대를 중심으로 성장하는 추세였으나, 최근 코로나19로 인해 40~60대에 이르기까지 그 대상이 확대되고 있다. 연령에 관계없이 모든 계층에게 해당된다고 하겠다.

이를 가능하게 하는 기술들을 총괄해서 언택트 기술이라고 하고, 이에 기초해 유통, 금융, 교육, 이동 등을 제공하는 기업경영을 언택트 서비스라고 한다. 새삼스러운 트렌드는 아니다. 이미 비대면, 언택트는 우리에게 익숙한 용어이다.

물건을 구매하지만 굳이 점원을 만나지 않는다. 온라인 쇼핑이 가능하기 때문이다. 택시에 탑승하는 경우 기사에게 목적지를 알려주는 등의 대화를 일체 나눌 필요가 없다. 카카오택시는 택시를 잡

'언택트 소비'는 젊은 세대는 물론 전 연령대에게 일상화되고 있다. ©unsplash

고, 타고, 결제하는 전 과정에서 기사와 대면할 일을 없애주는 언택트 서비스를 제공한다. 수업을 받고 있지만, 선생님이나 친구들을 만나지 않는다. 은행 서비스를 이용하고 있지만, 은행원을 만나지 않는다. 대면 서비스에서 비대면 서비스로의 전환은 산업 전반에 걸쳐 일어나고 있는 현상이었다. 코로나19 사태로 사회적 거리두기가 강조되면서 언택트 서비스의 이용은 더욱 급증했다.

언택트 소비가 활성화된 이유는 다양하지만, 먼저 비대면 기술의 발전과 스마트폰이나 디스플레이 화면에 익숙해진 사람들을 그 이유로 꼽을 수 있다. 현대인들은 직접 대면을 통한 상호작용보다 디지털 공간에서의 커뮤니케이션에 익숙해지고 있다. 한편 기업들은 온라인망 중심으로 유통을 전환하며 동시에 오프라인 매장에 드는 인건비를 절감하는 효과를 꾀했다. 그러나 무엇보다 언택트 소비가 주요 트렌드가 된 가장 큰 이유는 현대인의 심리 변화 때문이다. 기술이 발달하며 언제 어디서나 연결되는 초연결사회를 누리다 보니, 사람과 접촉하는 것 자체에 피로를 느끼는 소비자 심리가 작용했기 때문이다.

코로나19 이후 더욱 활성화될 것으로 예상되는 비대면 방식의 비즈니스 모델은 다음과 같이 정리된다.[40]

언택트 기반, 서비스업종별 새로운 비즈니스 모델

	새로운 비즈니스 모델	해결해야 할 과제
도소매업 (특히, 소매업)	온라인 쇼핑(쿠팡, 마켓컬리), 무인 매장	오프라인유통과의 갈등, Gig Worker
운수업	물류(드론 배송), 자율주행차	제도 미비, 규제
숙박 및 음식점업	숙박 예약(여기어때), 음식배달(배달의민족), 간편식(편의점), 터치스크린 주문	Gig Worker (고용여건 이슈)
콘텐츠 산업 (출판, 영상 등)	OTT(넷플릭스), 인터넷게임	–
금융 및 보험업	인터넷뱅킹, 인터넷전문은행, P2P(Lending Club)	제도 미비, 다양한 규제, 개인정보 활용 여부
전문과학 및 기술서비스업	플랫폼 기반(로톡, 위시캣), 화상회의(줌 등 SW)	기술개발(SW)
사업시설관리 및 사업지원	여행 예약(아고다), 디지털전시관	–
교육 서비스업	인터넷교육 (클래스101, VR 간호실습)	제도 미비, 규제
보건 및 사회복지 서비스업	원격의료, 원격면회	제도 미비, 다양한 규제, 개인정보 활용 여부
예술, 스포츠 및 여가 관련 서비스업	콘텐츠 영상화(SAC on screen), 취미생활(하비인더박스)	AR/VR, 시설
수리 및 기타 개인 서비스업	플랫폼 기반(태스크래빗, 런드리고)	–

이러한 언택트 트렌드는 가정과 같은 안전한 장소를 소비, 생

산의 거점기지로 만들고 있다. 기존의 언택트 시장이 '소비'를 중심으로 판을 키웠다면 '생산'마저도 언택트로 이뤄지는 진정한 의미의 '홈코노미Homeconomy' 시대가 도래하고 있다는 평가이다.

'홈코노미Home+Economy'는 집에서 의식주만 해결하는 것이 아니라, 다양하고 중요한 경제활동들이 이뤄진다는 의미의 신조어다. 신한카드 빅데이터연구소가 밀레니얼 세대를 대상으로 한 집 관련 키워드 언급량 변화를 분석한 결과 '홈트레이닝'은 2017년 대비 2018년에 무려 213%가 늘었다. 홈캉스(160%), 홈카페(53%), 홈요가(43%), 홈쿡(19%), 홈술·홈바(13%), 홈베이킹(12%), 홈스쿨(7%) 순으로 언급량이 증가했다. 이른바 '홈소싱족'들로 이들은 과거 밖에서 해야 했던 일(아웃소싱)을 집에서 해결한다.[41]

프랑스의 언론인 출신 에세이 작가 모나 숄레Mona Chollet는 〈지금 살고 싶은 집에서 살고 있나요?〉에서 '좋은 집'에 대해 묻는다. 자칭 '집콕족'인 숄레는 "요즘처럼 가혹하고 갈피를 잡을 수 없는 시대에는 그 반대로 우리의 삶을 이루는 구체적인 조건들에서 다시 시작하는 게 의미 있지 않겠느냐"는 화두를 던지며 "중요하지 않은 일이나 해결해야 하는 곳, 또는 사람을 둔하고 무기력하게 만드는 뒷쪽으로 전락"한 집의 위상을 재정립하고자 한다. "게으름 피우고, 잠자고, 공상에 잠기고, 읽고, 곰곰 생각하고, 혼자 고독을 즐기거나 지인과 어울리고, 좋아하는 음식을 만들어 먹는 것 등등" 하찮게 여겼던 집 안에서의 행위가 "삶의 필수적인 에너지를 공급해준다"는 말은 뻔하지만 울림이 있다.[42]

최근 몇 년간 홈족Home族, 홈루덴스Home+Ludens 등의 신조어가 등장했다. 멀리 나가지 않고 주로 집에서 시간을 보내는 이들을 부르는 말이다. 과거 '집돌이·집순이'가 사회성이 결여된 아웃사이더 이미지가 도드라졌다면, 홈족은 '자발적으로 집에 머무는 것을 즐기는 사람'에 방점이 찍힌다. 또한, 홈코노미 인기에 홈트레이닝뿐 아니라 '홈캉스', '홈술' 같은 신조어도 유행하고 있다. 홈캉스Home+Vacance는 집에서 즐기는 바캉스다. 여름 휴가철을 덥고 미세먼지 많은 야외보다 집에서 에어컨을 틀고 시원하고 편하게 보내려는 소비자가 그만큼 늘어났다. 홈술은 집에서 혼자 하는 음주문화이다. 홈술은 대형마트 주류 매장을 바꾸고 있다. 혼자서도 부담 없이 마시는 소용량 포장이 뜨고, 집에서 간단히 먹을 수 있는 간편 안주 매출도 함께 늘어나는 추세다.

집을 멋지게 꾸미고, 집에서 즐거운 시간을 보내며, 소비는 주로 밖이 아닌 집 안에서 해결하는 것이 바로 홈코노미다. '홈족'은 온라인으로 집에서 이용할 수 있는 편리함을 추구하며 지출을 아끼

코로나 시대의 '집'은 단순한 휴식공간이 아니고 홈코노미를 영위하는 핵심공간이다.
©Pixabay

고 온전히 나를 위한 자기중심적 소비를 선호한다. 이를 가능케 하는 홈코노미가 핵심 트렌드로 발전하면서, 홈코노미의 핵심 산업으로 홈푸드, 홈엔터, 홈케어 관련주가 유망주로 떠오르고 있다.

우리가 경험하고 있는 코로나19 사태는 기존 홈코노미 활성화에 그치지 않는다. 홈코노미에 관한 정의마저 확대했다. 코로나19 확산을 막기 위해 '사회적 거리두기'를 목적으로 재택근무, 온라인 개학 · 개강이 이뤄지면서 관련 산업이 홈코노미에 편입됐다. 가정의 소비와 생산을 모두 담당하는 새로운 경제의 거점기지로 확대된 것이다. 최근 홈코노미족의 증가는 1인 가구 확대와 온라인, SNS 등 디지털 기술 발달, 불편한 소통보다 혼자가 더 편한 성향을 드러내는 밀레니얼 세대(1980~2000년대 출생)의 가치관이 반영된 결과다. 여기에 최근 코로나19로 인한 언택트 시대의 도래가 더욱 홈코노미 경제를 견인한 것으로 해석된다.

이에 기업들은 홈코노미를 겨냥한 상품 · 서비스 출시에 적극적으로 나서고 있으며 특히 신세계, 롯데, 홈플러스 등 대형 유통업체들은 무게중심을 오프라인에서 온라인으로 옮기는 분위기다. 편의점들은 배달 서비스 대상을 대폭 늘렸으며, 가전업체들은 홈술족을 위한 수제맥주 제조기나 와인셀러 등을 속속 출시하고 있다. 통신기업인 KT는 자사의 올레TV 고객들이 양질의 영화를 집에서 볼 수 있도록 '온가족 방구석 영화관' 서비스를 제공했다.

미증유의 코로나19로 인한 '사회적 거리두기'가 불러온 일상의 변화는 일일이 열거하기에도 벅차다. 기존의 우리 삶을 송두리째 변화시키고 있다고 해도 과언이 아니다. 물론, 코로나가 언젠가는 종식될 것은 분명한 사실이다. 모든 나라가 백신과 치료제 개발에 열을 올리고 있고, 확진자의 감소 소식은 코로나가 곧 종식되리라는 희망을 갖게 한다. 그렇지만 코로나 이후 변화된 경제구조는 그대로 지속될 가능성이 높다. 그리고 현재 코로나19 사태가 이전과 다른 점은 '4차 산업혁명'의 혁신이 진전되는 과정에서 발생했다는 점이다. 경제 · 산업구조에 크고 작은 변화를 초래해 온 4차 산업혁명과 우리의 생활양식을 완전히 뒤바꿔 놓은 코로나19 사태가 맞물리면서 변혁의 파고가 갈수록 거세지고 있는 것이다.

그 중심에 바로, 언택트, 홈코노미라는 키워드가 자리한다. 특히, 언택트가 일상을 뒤바꾸는 거대 트렌드로 급부상하면서 관련 산업에 대한 관심도 고조되고 있다. 대표적인 언택트 산업으로는 인터넷, 클라우드 컴퓨팅, e-커머스, 온라인 교육, 원격의료 등이 거론된다. 이에 기업들의 발 빠른 대응이 무엇보다도 필요할 것이다. 그래서 '적자생존'이 아닌 '속자생존速者生存(변화에 빠르게 적응해야 살아남음)'이라는 말이 더욱 유의미한 것이다.

하지만 사람은 사회적 동물이다. 서로 대면을 하지 않고, 집에서 모든 일상을 영위하는 것도 한계가 있는 법이다. 언택트 시장이 확대되더라도 온라인과 오프라인은 옴니채널omni-channel로서 모두 활용될 것이며, 서비스도 비대면과 대면 모두 공존할 것이다. 물론, 개인화된 언택트 서비스가 홈코노미 경제를 견인하겠지만, 분명하게 오프라인 공간 속에서 인간들이 서로 인식을 공유해야만 하는 콘택트 영역도 여전히 남아 있을 것이다.

덧붙여, 집 안에 머물러 있는 시간이 길어지면서 생각하지 못한 환경문제도 벌어질 수 있다. 흔히 환경문제를 생각할 때 화석연료를 사용하는 전통 굴뚝 산업을 먼저 떠올린다. 자동차나 비행기가 내뿜는 배출가스의 모습도 상상한다. 이 문제들도 중요한 환경 이슈다. 하지만 ICT 기술도 이 문제에서 자유롭지 않다. 이메일을 한 번 보내는 데 1g, 인터넷 검색 한 번에 약 0.2g의 이산화탄소가 배출된다. 비디오 스트리밍으로 1시간 동안 동영상을 보면 자동차로 1Km를 주행하는 것과 비슷한 효과가 난다. 또한, 이러한 문제점도 있다. 사람들이 집에 머물면서 또 다른 문제가 생겼다. 택배와 배달음식 소비가 늘면서 재활용 쓰레기가 늘어났다.[43] 홈코노미의 예상치 못한 그늘이다.

코로나19로 대면경제의 문제점이 여실하게 드러나고 있지만, 언택트 시대, 홈코노미 경제의 명明과 암暗을 모두 고려해야 할 균형적인 시각도 필요할 것이다.

소유, 공유를 넘어 이제는 구독경제

한국 사람들이 꽤 강한 소유욕을 보이는 물건이 하나 있다. 바로 '우리 집'이다. 다른 나라 사람들은 우리나라처럼 집에 집착하지 않는다. 과거 1960~1970년대로 거슬러 가보면 왜 이렇게 집에 집착하는지 나름 이해는 할 수 있겠다. 셋방살이 설움은 한 시대를 지배하는 기본 정서였다. 과거에는 자녀가 4~5명인 집이 많아서 콩나물시루처럼 한 방에 온 가족이 살았다. 이런 설움 때문에 부모세대들이 집 없는 설움에서 벗어나려 내 집 마련의 꿈을 갖기 시작했다. 빌리는 게 아니라 내 것으로 소유하는 게 우리의 기본 정서였던 것이다. 그러나 세월은 흘렀고, 언제부터인가 우리도 소유에 대한 집착을 하나둘씩 버리기 시작한 듯하다. 집까지는 아니더라도 생활용품부터 음원, 자동차까지 신문 구독처럼 사용한 만큼 대가를 지불하는 '구독경제Subscription Economy'가 요즘 소비자들에게 인기를

얻고 있다.44

세계적인 석학 제러미 리프킨Jeremy Rifkin은 그의 저서 〈소유의 종말The Age of Access〉에서 일찌감치 소유경제가 사라지고, 새로운 패러다임이 올 것을 예견했다. 소유 중심의 자본주의 시대에서는 물건을 사고파는 것이 우선이었지만 이제는 온갖 유형의 상업 네트워크가 인간생활을 거미줄처럼 에워싸고 있으며 그 네트워크에 접속하는 일이 관건이라는 것이다. 접속의 시대가 올 것을 예견한 것이다.

판매자-구매자가 아닌 공급자-사용자가 시장의 주역으로 등장하는 시대가 도래할 것이라는 주장이다. 접속이란 개념은 단순히 '물질적 재화를 빌려 쓴다'는 이상의 의미를 가진다. 접속의 시대 또는 '공유의 시대The Age of Sharing'가 도래한다는 것은 가족관계의 범주를 벗어난 대부분 인간활동에서 사람들 간 '공감과 연대의 감정에 기반을 둔 전통적인 관계'가 '정기적으로 비용을 지불하는 계약관계'로 전환된다는 것을 의미한다.45

2011년 〈타임Time〉은 세상을 바꿀 10개의 아이디어 중 하나로 '공유Sharing'를 제시하며 공유경제Sharing Economy의 부상을 세계에 알렸다. 공유경제는 2010년 혁신적 비즈니스 집합의 하나로 주목받고 있다. 공유경제는 소비자가 가진 물건, 정보, 공간, 서비스 등과 같은 자원을 다른 경제주체와 공유해 새로운 가치를 창출하는 경제방식을 의미한다.46 친구들과의 해외여행 중 '에어비앤비Airbnb'를 통해 예약한 방에서 잠을 자고 우버 택시로 이동했다는 에피소드가 사람들의 관심을 끌고, 국내에 진출한 우버가 서울시의 불법 판결로 서비스를 중단하면서 논란의 중심에 있기도 했다. 사람들을 소유욕에서 자유롭게 하고, 공유할수록 더 다양한 것을 풍족하게 누리게 한다는 점에서 공유경제는 매력적으로 다가오고 있다. 많은 경제 전문가들은 공유경제가 미래 비즈니스를 이끌 것으로 전망하고 있다.

하지만 경제 패러다임은 변화무쌍하다. 최근 사무실 공유 플랫폼 '위워크'의 IPO(기업공개) 철회나 차량 공유 플랫폼 '우버'와 숙박 공유 플랫폼 '에어비앤비'의 내림세가 가속화되면서, 일각에서는 공유경제 몰락의 징조가 아니냐는 이야기까지 나온다. 불과 몇 년 전만 하더라도 '공유경제'가 미래 비즈니스를 이끌 혁신 패러다임이라고 추켜세웠던 전문가들의 입에서 나오고 있는 이야기이다. 대신, 새로운 키워드가 최근 빈번하게 등장하고 있다. 바로 '구독경제'이다. 구독경제는 일정 이용 기간만큼 물건 사용에 대한 비용을 지불하는 개념이다. 신문을 보기 위해서 월 구독료를 지불했던 것을 생

제품을 소유하고, 빌려 쓰는 패러다임은 안녕을 고하고 있다. 이제는 특정 기간 동안 새로운 서비스와 콘텐츠를 경험하는 '구독경제'의 시대이다. ©unsplash

각하면 이해하기 쉬울 것이다. 월마다 일정 비용을 지불하면 무제한 콘텐츠 이용이 가능한 스트리밍 영상 서비스 '넷플릭스'가 그 대표적인 '구독경제'의 산물이다. 구독경제라는 용어는 미국의 기업용 결제 및 정산 솔루션 기업인 주오라Zuora의 창립자 티엔 추오Tien Tzuo가 처음으로 사용했다. 그는 "제품을 소유하는 것은 이제 과거의 방식"이라고 단언한다.

구독경제는 소유와 공유를 뛰어넘는 신개념이다. 면도기, 의류, 화장품, 식료품 등 생활용품과 영화, 음악은 물론 주방과 자동차까지 신문 구독처럼 사용한 만큼 대가를 지불하는 방식이다. 소유가 중심이었던 '상품경제'와 빌려주고 빌려 쓰는 '공유경제'를 넘는 신개념의 유통 모델이다. 구독경제는 오래전부터 익숙한 구독이라는 방식에 소비자의 욕구를 반영한 '맞춤'과 '개인화'가 가장 큰 특징이다. 소비자는 회원가입을 통해 멤버십을 획득한 뒤 상품을 구독Subscription하면 정기적으로 상품을 배송받거나 서비스를 이용할 수 있다. 소비자가 상품이나 서비스를 쓴 만큼 돈을 지불하는 방식이어서, 전통적인 '소유'의 개념을 벗어난다. 공유경제도 '소유'라는 전통적인 개념과 다르지만, 여전히 '관리의 번거로움'은 남아 있다. 하지만 구독경제는 '관리에 대한 고민'마저도 떨쳐버릴 수 있다.[47]

최근 코로나19 사태로 인해 대면 소비의 대표였던 '공유경제'는 주춤거리는 반면, 비대면 소비의 대표라 할 수 있는 '구독경제' 소비가 활발해지는 양상을 보이고 있다. 가히 코로나19가 구독경제의 새로운 성장 동인으로 작용하고 있음이다. '비용이 드는 소유 대신 쉽고 편리한 공유'를 모토로 사업을 진행하던 공유업계들은 직격탄을 맞고 있다. 많은 이들이 코로나19 감염을 피하기 위해 다른 사람들과 자동차나 사무실 등 공간을 함께 이용하기를 피하기 때문이다. 실제로 공간을 공유하는 공유오피스와 숙박공유 업체들도 심대한 타격을 입고 있다. 공유오피스 기업인 위워크WeWork도 미국 뉴욕 오피스를 폐쇄했고, 숙박 공유업체 에어비앤비Airbnb는 매출 감소가 우려되자 모든 마케팅을 중단하고 나섰다.

다만, 세계 최대 공유차량 기업인 우버Uber는 어려운 상황 속에서도 뉴노멀에 적응하고 있다는 긍정적인 평가를 받고 있다. 물론, 탑승량이 80% 급감하는 등 코로나 사태 타격은 우버도 예외는 아니었지만, 기사, 승객 마스크 의무화를 도입(기사나 손님, 누구든 마스크를 쓰지 않으면 우버 앱으로 상대를 신고할 수 있음. 신고가 누적되면 서비스에서 퇴출당함. 코로나 이후 까다로워진 고객 눈높이에 맞춰 기술로 선제 대응에 나선 것)하고, 코로나 위기에 맞닥뜨리자 빠르게 몸집 줄이기에 나서는 등 뉴노멀에 빠르게 적용했다는 평가를 받는다. 이는 승객 80% 줄었는데 주가가 20% 뛰는 기현상으로도 나타났다.

우버와 같이 일부 예외의 사례들도 물론 있겠지만, 많은 전문가들이 코로나19가 진정된다 하더라도 공유 문화가 예전 수준처럼 활성화할지 장담하기 어렵다고 전망하고 있다. 공유업체들에게는 불운한 소식들이다. 하지만 코로나19 사태는 역으로 언택트, 즉 비대면 서비스를 기반으로 하는 구독경제에게는 새로운 날개를 달아주고 있다. 글로벌 구독경제 시장은 지난 2000년 2,150억 달러에서 2015년 4,200억 달러까지 증가했으며 2020년 5,300억 달러(약 646조 원)에 달할 것으로 예상되고 있다. 시장조사 업체 가트너에 따르면 현재 70% 이상의 기업이 구독 서비스를 도입했거나 고려 중이며, 2023년 전 세계 기업의 75%가 소비자와 직접 연결된 구독 서비스를 제공할 것으로 전망했다.

실제로 코로나 사태 이후로 영화관 대신 집에서 온라인동영상서비스OTT로 영화를 관람하고, 대형마트 대신 e커머스를 통해 장을 보는 사람들도 증가하고 있다. 글로벌 1위 OTT 업체 넷플릭스는 코로나19 사태 최대 수혜 기업으로 꼽히고 있다. 각국의 강력한 사회적 거리두기 운동으로 집에서 여가를 보내야 하는 사람들의 가입이 크게 늘어난 것이 중요한 성공의 동인이다. 코로나19로 인한 수혜는 수치로 나타났다. 늘어난 가입자 수만큼 주가도 가파르게 오르고 있다. 미국 내 코로나19 확산이 본격화된 3월 중순 300달러 아래로 떨어졌던 넷플릭스 주가는 4월 들어 연일 최고가를 경신하며 439.17달러까지 올랐다. 코로나19로 디즈니월드 임시 폐장이라는 사상 초유의 사태를 맞은 디즈니도 OTT 서비스로 기사회생하는 모습을 보이고 있다. 디즈니의 OTT 서비스 '디즈니플러스'는 2020년 4월 집계 가입자 수 5,000만 명을 돌파했다. 두 달 만에 가입자 수가 2,000만 명 넘게 늘어난 것이다.

국내에서도 다양한 비대면 구독경제 서비스가 인기를 끌고 있다. 대표적으로 비대면 세탁 서비스가 꼽힌다. 세탁부터 드라이클리닝까지 완료해 다음 날 집 앞까지 배달해준다. 이용료는 빨래 개수와 세탁 방법 등에 따라 한 달 단위로 책정된다. 스타트업 런드리고와 세탁특공대 등이 이러한 비대면 세탁 서비스를 제공하고 있다. 매장을 방문해 옷을 구매하지 않고도 옷을 빌릴 수 있도록 하는 구독 서비스도 있다. 의류 스타트업 클로젯셰어는 매달 9만9,000원을 결제하면 횟수 제한 없이 원하는 옷을 마음껏 빌려 입을 수 있는 서비스를 제공한다. 클로젯셰어는 집 앞까지 옷과 가방을 배달해주는 서비스를 개시하고 있다.

꽃을 정기구독하는 서비스도 등장했다. 꾸까는 월 1만7,900원을 내면 2주에 한 번씩 해당 계절에 가장 예쁜 꽃을 모아놓은 꽃다발을 정기적으로 배달해준다. 연인이나 가족뿐만 아니라 자기 자신에게 정기적으로 꽃을 배달하는 것도 가능하다. 매번 배달해주는 꽃이 달라져, 이용자 입장에선 어떤 꽃이 배달될지 모르고 받게 되므로 2주마다 꽃을 선물받는 경험을 구독하게 되는 셈이다.[48]

그렇다면 구독 서비스 회사들이 코로나19와 같은 위기와 불황에 강한 것일까? 크게 3가지 이유와 언택트라는 시대적 요인이 있다. 존 챔버스John Chambers 前 Cisco 회장, 現 J2C벤처 대표는 다음과 같이 분석하고 있다.[49]

첫째, 고객들이 록인LOCK-IN되어 있다.

소비자들은 수입이 감소되면 당연히 제품 구입을 즉각적으로 줄인다. 자연스레 기업이나 가게 입장에서는 매출이 줄거나 없을 수밖에 없다. 구독 서비스는 제품과 서비스에 대해서 기업이 선불을 받기 때문에 경제위기가 오더라도 그 여파가 즉각적으로 반영되지 않는다. 즉, 구독경제의 방식은 기업 입장에서 현금흐름Cash Flow에 큰 도움이 된다. 그리고 상당수의 고객들은 새로 제품이나 서비스를 구입하지 않지만, 기존에 구독하고 있는 제품이나 서비스의 경우 가장 마지막에 해지할 확률이 높다.

구독 서비스 회사들은 갑작스러운 경제위기에 대응할 수 있는 물리적인 시간이 있으며, 소비자가 구독으로 록인되어 있어서 일반 제품을 판매하는 기업과는 기본 비즈니스 모델BM이 다르다. 상가 및 건물 임대차를 생각해보면 이해하기 편하다. 경기 불황이 시작되면 세입자는 불필요한 제품 구입을 줄이기 시작하고, 대부분 최악의 상황이 되면 월세를 내지 못하게 되는 것과 비슷한 현상인 것이다.

둘째, 구독 서비스는 목돈을 필요로 하지 않는다.

대부분의 구독 서비스 제품과 서비스는 금액을 매월 또는 정기적으로 지급하기 때문에 지출하는 금액이 적다. 필요한 제품과 서비스일지라도 목돈이 들어가야 한다면 불황인 상황에서는 부담스러워서 구매를 주저할 수밖에 없을 것이다. 구독 서비스는 백만 원짜리 제품이나 서비스를 수십 개월로 분할해 지출하는 것과 같다. 오늘 백만 원을 지출하는 것이 아니라 단돈 몇 만 원으로 제품과 서비스를 받는 경우가 많기 때문에 당장 현금흐름이 좋지 않은 기업이나 개인 입장에서는 구독 서비스를 선호할 수밖에 없다.

셋째, 기업은 고객을 잘 알기에 사업 예측이 가능하다.

구독 서비스 기업은 불특정 다수에게 물건을 파는 것이 아니다. 즉, 구독자라는 단골에게 제품과 서비스를 제공하는 것이다. 구독자의 ID를 통하여 취향과 필요 사항 등의 빅데이터를 수집하여 고객에게 적합한 제품과 서비스를 맞춤 제공할 수 있다. 불황에 적합한 구독 서비스 비즈니스 모델을 만들 수도 있다. 기존 구독자수(구매자)가 있기 때문에 필요한 제품의 재고 및 인력에 대한 예측이 가능하다. 불황이 오면 기업들은 미래를 예측할 수 없어서 불안해한다. 하지만 구독 서비스 기업은 사업 예측이 가능하기 때문에 불황이 또 다른 기회이다.

넷째, '언택트 마케팅Untact marketing'에 가장 적합한 구독경제의 활성화가 기대된다.

코로나19로 인해 언택트 마케팅이 대세를 이루면서 수혜를 입고 있는 기업들이 구독 서비스 제공 기업과 배달업체 등이다. 미국의 구독 서비스 대표 상품인 '아마존프라임'을 제공하는 아마존의 경우 10만 명을 추가 고용했으며, 피자헛은 3만 명, 파파존스는 2만 명, 도미노 피자는 1만 명 등을 추가로 고용하겠다고 발표할 정도이다. 수많은 식당들이 폐업을 하고 직원을 감축하는 것과는 대조적인 모습들이다.

코로나19 사태로 인해서 구독경제를 표방하는 기업들의 주가가 오르고 있지만, 이미 구독경제는 새로운 경제 패러다임으로서 4차 산업혁명 시대를 주도하는 키워드로 논의되어 왔다. 갑작스러운 성공이 아니라는 의미이다. 하지만 코로나19와 같이 미증유의 위기 속에서 그 가치는 더욱 빛나고 있다. 무엇보다도 구독경제 모델은 기술과 아이디어로 창업하는 스타트업뿐만 아니라 소상공인들도 활용할 수 있다. 최근 소상공인들이 대면 서비스를 하지 못해 고전하고 폐업하는 경우가 허다하다. 하지만 소상공인들이 고객이 지불하는 비용을 초과하는 가치를 제공하는 데 중점을 두고 고객에게 다양한 경험을 제공하는 기획과 상품 큐레이션에 기반한 아이디어를 접목할 수 있다면 얼마든지 구독 서비스로 성장의 발판을 마련할 수 있을 것이다.

플랫폼 시대, 우리는 배달의 민족?

"짜장면 시키신 분~!"

1990년대 후반 인기 개그맨 김국진과 이창명이 출연한 광고의 한 장면이다. 지금은 사라진 신세기통신 파워디지털017의 짜장면 배달 시리즈로, 세 번째 편은 마라도로 배경을 옮기며 더 광대해진 스타일을 자랑했다. 먹구름이 잔뜩 낀 울릉도 앞바다에 위태롭게 떠 있는 나룻배 한 척에서 이창명이 애처롭게 소리친다. "짜장면 시키신 분~!" 이때 017 휴대폰을 통해 김국진의 목소리가 들린다.

“미안한데 말이야, 내가 마라도로 옮겼어.” 망연자실한 이창명은 “못살아”란 한마디를 남긴 채 바다로 빠져버린다. 중년 이상의 세대에게는 빙그레 웃음을 짓게 하는 장면들이다. 이 광고는 한국인들에게 배달과 얽힌 에피소드가 많다는 것에 착안하여 만든 광고로 볼 수 있다. 실제로 한국만큼 다양한 배달업이 발달한 국가도 드물 것이다. 우리나라는 피자와 같은 패스트푸드부터 면류, 식사류 등 다양한 종류의 음식배달이 가능하지만 외국은 패스트푸드 외의 다른 음식들을 배달해주는 경우는 거의 없다. 가히 대한민국은 음식 배달의 천국이라고 할 수 있다.

한국 배달음식의 역사는 멀리 거슬러 올라간다. 기록에 나오는 우리 민족 최초의 배달음식은 조선시대 냉면이다. 조선 후기 실학자 황윤석의 〈이재난고〉에는 “과거시험을 본 다음 날 점심에 일행과 함께 냉면을 시켜 먹었다”는 대목이 나온다. 1768년 7월이다. 당시 궁중에서 즐기던 고급 요리인 냉면이 양반층에서 인기가 생겨 배달이 시작된 것으로 보인다. 이유원의 〈임하필기〉에는 순조(1800~1834년)가 즉위 초 군직과 선전관을 불러 달구경을 하다가 “냉면을 사 오라고 시켰다”고 기록돼 있다. 교방 문화가 발달한 진주에선 관아 기생들도 진주냉면을 배달시켜 먹었다고 한다. 또한, 1906년 7월 14일 일간신문 〈만세보〉에는 첫 배달음식 광고(사진)가 등장했다. “각 단체의 회식이나 시내 · 외 관광, 회갑연과 관 · 혼례연 등 필요한 분량을 요청하시면 가까운 곳, 먼 곳을 가리지 않고 특별히 싼 가격으로 모시겠습니다.” 광고주는 최초의 조선음식 전문점 명월관이었다. 당시 고급 요릿집의 대명사였던 명월관은 음식을 각각 그릇에 담아 교자상까지 차려 배달하기도 했다. 일종의 한정식 출장 뷔페였다.50

이후 1960년대에는 배달음식계의 절대적인 강자인 짜장면, 짬뽕의 시대가 열리게 된다. 정신없는 이삿날이면 손이 덜 가도록 짜장면을 시켜 식사를 해결하는 것이 우리네 풍습으로 자리 잡았다. 그만큼 '배달음식=짜장면'이라는 공식은 지금도 확고하게 자리를 지키고 있다. 이후 1980년대에 이르자 각 가정에 전화기 보급이 보편화되었고 소득수준이 향상됨에 따라서 외식업이 성장하면서 짜장면 등 중국음식에 국한되어 있던 배달음식의 가짓수가 늘어났으며 2000년대 들어 패스트푸드의 배달까지 가능해지며 현재에 이르고 있다. 치킨, 피자 등이 추가된 것이다.

푸드테크Food Tech라는 신조어가 등장할 정도로 배달시장이 더욱 확장·발전하고 있으며, 최근 국내의 배달 전쟁 또한 매우 치열하다. 배달의 민족, 요기요와 같은 배달 앱이 성장하면서 개별 음식점들의 배달 경쟁력이 높아지자 주요 프랜차이즈 업체들도 배달 서비스를 확대하고 있다. 프랜차이즈 업계가 배달망 구축에 나선 것은 외식 업종 전반에서 배달 서비스가 일반화되면서 배달망을 운영하지 않고서는 기존 경쟁력을 담보하기 어렵다는 판단 때문이다. 기존 치킨, 피자, 햄버거, 전문점의 전유물로 여겨졌던 배달 서비스가 도시락, 떡볶이, 도넛 등 프랜차이즈 전 영역으로 확대되고 있다. 최근 배달 서비스업체의 배달 범위가 배달 음식점에서 일반 음식점으로, 또 신선식품으로 확대되면서 배달업체들이 커버할 수 있는 시장은 65조 원 수준으로 확대되고 있다는 전망이다.

이러한 배달시장의 확대는 비단 우리만의 현상이 아니다. 이미 해외에서도 푸드테크를 비롯한 배달시장이 새로운 산업으로 주목받고 있다. 독일의 딜리버리히어로Delivery Hero와 중국의 어러머Ele.me의 기업 가치는 10억 달러 이상으로 추정되고 있다. 특히 푸드테크는 음식배달 등 기존 서비스에서 한 단계 더 나아가 식료품의 개발이나 생산에 과감한 투자가 활발하게 진행 중이다. 세계 각지의 푸드테크 스타트업들은 대규모 투자 유치에 연이어 성공하고 있다. CB인사이트에 따르면 2014년 미국에서만 푸드테크 스타트업에 10억 달러가 넘는 투자가 이루어졌고, 현재까지도 이와 같은 기조는 진행형이다.[51]

그렇다고 해서 모두 다 배달시장에서 승승장구만 하는 것은 아니다. 2020년 초 세계 최대 차량공유 업체 우버Uber가 인도 음식배달 사업에서 손을 떼기로 했다. 우버는 2017년 인도 음식배달 시장에 진출했지만, 조마토, 스위기 등 현지 업체와 경쟁에서 우위를 점하지 못했다. 우버는 2019년 10월 한국 음식배달 시장에서도 우버이츠Uber Eats 사업을 철수했다. 이는 배달시장, 특히 푸드테크 시장이 이제는 블루오션에서 레드오션으로 가지 않느냐는 우려로 바라

포스트 코로나 시대 혁신의 길을 푸드테크가 열고 있다. ©unsplash

볼 수 있는 사례이기도 하다.

코로나로 인한 언택트 경제의 도래와 확산은 포화시장으로 여겨지는 배달사업에도 또 한 번의 성장 계기를 가져오고 있다. 실제로 통계청이 발표한 '2020년 4월 온라인 쇼핑 동향'에 따르면, 배달음식, 신선식품, 간편조리식 등 음식 서비스 거래는 전년 동월 대비 83.7%인 5,755억 원이 늘었으며, 식품 분야 온라인 거래액은 전년 동월 대비 6,510억 원 늘며 전체 상품군 중 가장 크게 증가한 것으로 나타났다. 이러한 원인은 코로나19 영향으로 소비자들의 소비 행태가 언택트 소비 행태로 변화하며 나타난 현상이며, 배달시장에는 매우 긍정적인 시그널로 볼 수 있는 대목이다.

외식업계는 코로나로 인해 직격탄을 맞았다. 외식과 회식의 비중이 줄어들었다. 음식점이 코로나19의 새로운 전염근원지로 여겨지면서 사람들이 음식점에서 식사하는 것을 꺼리는 탓이다. 닐슨코리아의 '코로나19 임팩트 보고서'에 따르면 코로나19 발병 이후 배달음식을 주문한 소비자는 33%에서 52%로 두 배 가까이 증가했지만, 매장을 방문해 먹은 소비자는 44%에서 19%로 급감한 것으로 나타났다. 주문 포장의 비중도 23%에서 29%로 소폭 증가했다.[52]

외식업체들도 이제는 배달로 눈을 돌리고 있다. 배달이 주력이 아닌 고급 레스토랑이나 패밀리 레스토랑까지 배달시장에 뛰어들고 있다. 유동인구 감소에 따른 현장 매출 감소를 배달로 돌파한다는 전략이다. 실제로, SPC그룹이 운영하는 이탈리안 캐주얼 레스토랑인 라그릴리아는 2020년 3월부터 배달 전용 메뉴인 '홈다이닝' 신제품 3종을 출시했는데, BLT 샌드위치와 프렌치프라이를 함께 즐기는 BLT 샌드위치 박스, 오리지널 핫도그 박스, 프레쉬 치킨랩 박스 등 3종이다. 매장 손님이 줄면서 나온 고육지책이다. 또한, 빕스와 계절밥상 등을 운영하는 CJ푸드빌도 배달과 테이크아웃을 통해 고객을 확보하고 있다. 매장 특성상 여전히 오프라인 고객의 비중이 크지만, 외식을 두려워하는 소비자들에게 새로운 선택지가 되고 있다. 실제로 이를 통해 10%대였던 배달 및 테이크아웃 성장률이 40%를 넘어선 것은 이러한 전략이 상당히 주효했다는 지표이다. 본죽과 본도시락을 운영하는 본아이에프도 배달 고객을 겨냥한 배달비 무료 이벤트를 통해 매출을 올리고 있는 등 이제 외식업체들에게 배달은 선택이 아니고 생존을 위한 필수적인 전략이 되고 있다.[53]

이런 현상은 비단 국내뿐만이 아니다. 미국 내 코로나19의 감염속도가 급속도로 확산되면서 미슐랭 스타 식당들도 테이크아웃과 배달 서비스를 시작하는 진풍경이 벌어지고 있다. 그동안 배달을 꺼리던 고급 식당들이 코로나 여파로 수익이 줄면서 외부 배달 서비스를 이용하는 등 자구책 마련에 나서고 있는 상황이다. 실제로 뉴욕시의 유명 스테이크 하우스인 브루클린의 피터루거 스테이크 하우스Peter Luger Steak House도 문을 연 지 133년 만에 처음으로 배달 서비스를 제공하고 있다.

이렇게 코로나 사태로 배달 앱을 통한 주문이 늘어나면서 플랫폼 노동에 종사하려는 청년을 비롯한 구직자가 많아지고 있는 것도 새롭게 주목해야 할 현상이다. 라이더들의 일거리가 늘면서 '라이더 품귀현상' 이야기까지 나오고 있다. 실제로, 주 52시간제 등 일하는 시간에 구애받지 않고, 일하는 만큼 안정적인 수입을 보장받을 수 있는 배달 서비스에 유입된 근로자들이 많아지고 있다. 하지만 무엇보다도 문제는 업주, 소비자와의 대면으로 인한 근로자들의 안전문제이다. 실제로, 배달대행업체의 라이더가 코로나19 확진 판정을 받은 소식이 알려지게 되었는데, 지역 내 한 아이스크림 가게를 방문했다가 점주와의 대화를 통해 감염된 것이다. 여러 지역을 돌아다니고 고객과 접촉하는 택배나 배달업계 종사자가 코로나19에 무방비로 노출돼 있다는 것은 매우 우려되는 사실이다.

그래서 최근에는 대면감염을 피하기 위해 로봇, 드론 등을 통해서 배달을 대행하는 서비스들도 속속 시작되고 있다. 사람 대신 상품과 음식을 배달하는 서비스 로봇의 실전 투입도 앞당겨지고 있다. 실제로 신종 코로나 사태로 인해 로봇 도입과 활용이 더욱 가속화할 것으로 전망하고 있다. 시장조사기관 스트래티지 애널리틱스에 따르면 AI 기술을 적용한 서비스 로봇 시장은 작년 310억 달러(약 38조 원)에서 2024년 1,220억 달러(약 149조 원)로 급성장할 전망이다.

미국 워싱턴 DC에 있는 식품점 브로드 브랜치 마켓Broad Branch Market은 스타십 테크놀로지의 배송 로봇으로 지역 고객들에게 배달한다. 이 식품점은 아예 매장을 폐쇄하고 로봇 배달과 픽업 주문만 운영하고 있다. 또 이스라엘 자율 무인항공기 스타트업 '플라이트렉스Flytrex'는 최근 미국 그랜드포크스 지역에서 물품 배송 드론 시범 서비스를 시작했다. 월마트에서 주문한 물품을 드론이 고객 집 뒷마당에 떨어뜨려 주는 식이다. 이 회사 드론은 반경 3마일(4.8km) 내에서 최대 6.5파운드(약 3kg) 물품을 배송한다.[54] 미국뿐만이 아닌 남미에서도 로봇 배송은 성행하고 있다. 로이터통신은 중남미 9개국에서 20만 개 업체와 제휴 중인 배달 서비스 스타트업 '라피Rappi'의 1~2월 매출이 전년 대비 30% 증가했다고 전하고 있다.

이미 배달시장은 스마트폰을 위시한 모바일 서비스와 결합하여 우리 삶 속 깊숙하게 들어와 있다. 시장규모도 대단히 크다. 하지만 코로나19 사태로 인해 더욱 고속성장하는 기회를 맞고 있다.

손 하나 까딱하기 싫은 '게으름뱅이 경제'와 코로나19가 만나면서 배달시장 성장에 더욱 불씨를 댕긴 것이라고 설명할 수 있다. 코로나19 사태로 빈부, 세대나 성별을 떠나 배달의 가치와 성장 가능성을 모두가 절감하게 되었다. 향후 소비자들은 배달 서비스를 더 익숙하게, 자주 이용할 것이고, 일반인도 배달에 참여하는 등 유통 생태계의 변화는 더욱 가속화될 것으로 전망된다.

코로나 사태의 종식은 희망 사항이지만, 쉽게 되지 않을 수도 있다. 그렇다면 사회는 계속 폐쇄 상태로 있거나, 코로나바이러스를 통제하기 위해 사회적 거리두기 강도를 풀고 조이는 것이 반복될 것이다. 그렇다면 배달 서비스는 경제 인프라의 필수 요소가 될 것이다. 하지만 분명히 우후죽순격으로 많은 플레이어들이 뛰어든다면 다시 레드오션 시장이 될 수 있다. 남들과 다른 혁신적인 아이디어로 무장한 배달 플랫폼 기업들만이 코로나 팬데믹의 종식 후에도 살아남을 것이다.

'공포를 팝니다', 코로나 시대의 공포 마케팅

인류의 가장 오래된 감정은 공포이며,
가장 강력한 공포는 미지의 것에 대한 공포다.
- 하워드 필립스 러브크래프트
(미국의 호러, 판타지, 공상과학 소설가)

공포는 두렵고 무서운 감정을 의미한다. 공포의 대상은 개인마다 다를 수 있고, 그에 대한 반응과 심리적 동요도 다를 수 있다. 질병을 유발하거나 비위생적인 대상에 대해 본능적으로 느끼는 역겨움과 연결된 감정, 초자연적인 현상이나 인간이 어떻게 대처할 수 없는 거대한 사건에 대한 감정, 자신이 안전한지 불안전한지 알 수 없는 상태에서 느끼는 불확실성에 대한 감정 등을 공포라고 할 수 있을 것이다.

이러한 인간에게 있는 공포의 감정을 제품, 서비스 구매에 소구하려는 경우를 최근 많이 찾아볼 수 있다. 이렇듯 공포의 감정을 활용한 마케팅을 흔히, 공포 마케팅Fear Marketing이라고 한다. 광고 등을 통해서 소비자에게 심어주는 공포감은 흔히 생각하는 건강 등을 위협하는 요소에 대한 공포감 말고도 다른 사람보다 뒤쳐질 수 있다는 불안 및 초조함 등도 포함된다. 이상적인 모습, 유쾌한 결과를 기대하도록 하는 일반적인 마케팅과 달리 불행을 예방하거나 부정적 상황을 통제할 수 있는 상품을 소개하고 구매를 권유한다.

공포 마케팅이라는 어감은 썩 좋지 않지만 공포 혹은 혐오를 불러일으키는 것이 꼭 나쁜 것은 아니다. 공익광고 중에서도 공포 마케팅을 활용하는 사례는 얼마든지 찾아볼 수 있다. 대표적인 것이 금연 캠페인이다. 담뱃갑에 선명하게 찍힌 폐암 환자의 모습은 흡연의 대가가 일부일망정 대단히 끔찍하다는 것을 보여준다. 물론 그 사진만으로 모두 금연을 하지 않지만, 통계를 보면 그런 사진이 담뱃갑에 있는 경우 담배 매출액이 줄어드는 것을 확인할 수 있다. 또 다른 예로는 교통안전 캠페인이 있다. 졸음운전이나 과속, 음주운전 등이 일으키는 끔찍한 결과에 대해 알려줌으로써 안전운전에 대한 동기유발을 하는 것이다. '순간의 유혹, 평생의 후회' 같은 문구가 대표적이다.55

실제로 생명과 안전이 위협받는 공포 상황은 기업에게는 예상치 못한 기회를 제공하기도 한다. 2001년 9 · 11 테러 발발 이후 외부생활에 두려움을 느끼는 미국인들이 급증하면서 뉴욕의 자산가들 사이에서는 민간인용 군용 자동차 허머Hummer가 큰 인기를 끌었다. 허머는 걸프전에서 사용된 다목적 지프차 험비HMMWV를 일반 도로에서 이용할 수 있도록 개조한 차량이다. 테러 사건으로 충격을 받은 소비자들은 자동차를 단순한 이동수단이 아닌 외부로부터의 위험을 차단해주는 보호막으로 인식하게 되었고, 허머가 최고의 대안으로 떠오르게 된 것이다.

또한, 공포와 불안은 시장의 판도를 바꾸기도 한다. 1993년 한국에서는 조선맥주의 하이트가 큰 호응을 얻으며 히트했다. 1991년 낙동강 페놀 유출 사건으로 수질오염 이슈에 대중의 관심이 집중되고 위생에 대한 민감도가 드높았던 시기였다. '지하 150m 암반에서 끌어올린 천연지하수로 만든 맥주'라는 슬로건으로 깨끗함을 강조한 하이트는 수질 논쟁을 불러일으켰던 오비맥주의 1위 자리를 빼앗는 성과를 거뒀다.56

미국의 구강청결제인 리스테린Listerine의 광고는 공포 마케팅 성공사례에서 매우 빈번하게 꼽히고 있다. 리스테린이 처음 출시되었을 때 당시 사람들에게는 구강 청결이라는 개념은 다소 생소하였다. 리스테린은 광고를 통해서 입 냄새로 인해서 대인관계가 약화되는 모습을 사람들에게 지속적으로 보여주었다. 실제로 엄마의 구취에 뽀뽀를 하지 않으려는 아이의 모습이나 입 냄새 때문에 결혼 못한 노처녀의 이야기 등을 광고로 제작하여 사람들에게 외면받는 원인 중 하나로 입 냄새를 꼽도록 만든 것이다. 타인이 자신을 나쁘게 평가하는 것을 두려워하는 인간의 심리를 파고든 리스테린의 공포 마케팅은 큰 성공을 거두게 되어, 당시 입 냄새를 그다지 신경 쓰지 않던 사람들도 입 냄새를 사회생활의 위협요소로 느끼게 된 것이다.

현대사회를 흔히 위험사회Risk Society라고 지칭한다. 독일의 사회학자 울리히 벡Ulrich Beck이 주창한 이 개념은 산업사회가 가진 원리와 구조 자체가 이 세계의 파멸적인 재앙의 사회적 근원으로 변화하며, 또 이를 인식하게 되는 사회를 의미한다. 벡은 위험사회를 기회와 위해가 동시에 존재하는 이중적이고 복합적인 사회라 규정한다. 산업화와 근대화가 과학기술의 발전을 가져와 현대인들이 물질적인 풍요를 누리고 있지만 새로운 위험을 동시에 몰고 왔으며, 이러한 위험이 사회의 중심이 되는 사회를 '위험사회'라 규정한다.[57] 이렇게 우리가 사는 세상이 곧 위험사회가 되면서, 역설적으로 공포 마케팅의 대상은 더욱 많아지고 있다. 새로운 혁신기술이 가져온 부정적 효과(원자력, GMO, 디지털기술 등), 교통수단의 발달

인간의 공포감정을 활용한 공포 마케팅은 제품소비와 공익 캠페인에 있어 중요한 역할을 하고 있다. ©unsplash

로 나타난 국경 없는 질병의 발생, 기후변화로 인한 지구온난화 현상 등 삶의 도처에 위험원이 도사리고 있는 상황이기 때문이다.

미증유의 코로나19 사태는 사람들에게 감염의 공포와 함께 가족과 떨어져서 병원에서 홀로 병마와 싸워야 한다는 고립의 공포, 주변인들에게 손가락질을 받을 수 있다는 낙인의 공포 등 다양한 공포감을 주고 있다. 따라서 더욱 공포 마케팅의 대상으로 기업들에게 성공적으로 활용되고 있는 상황이다. 실제로 공포 마케팅에 있어서 사람에게 위협을 줄 수 있는 요소에 대한 좋은 의미의 경각심을 강조하는 방법일 경우 추천될 수 있다. 코로나19 사태에서도 마찬가지이다. 국내에서 코로나 사태가 타 국가들에 비해 급격하게 악화되지 않은 이유 중 하나도 바로, 국민이 마스크를 잘 착용하고, 사회적 거리두기를 잘 실천하고, 손세정제를 잘 사용하는 등의 예방수칙을 철저하게 잘 지켰기 때문이다. '우리의 불안과 공포를 날려줄', '바이러스로부터 우리를 지켜줄' 대표적인 물건인 마스크, 손세정제 등이 불안감에 휩싸인 국민들에게 필수물품으로 여겨지게 된 것이다.

하지만 역으로 지나치게 코로나로 인한 공포를 부추겨서 사회적 혼란을 가져오는 경우도 쉽게 확인할 수 있다. 이는 언론보도에서도 확인할 수 있는 부분이다. 영국의 경우에도 공공보건 비상사태의 위험성만 강조해 '공포와 히스테리'를 조장하는 것은 자제할 것을 권유하는 BBC의 가이드라인이 존재함에도 불구하고, 타블로이드 언론들은 이러한 지침을 지키지 않고, 사람들에게 자극적인 기사를 내놓아 주목을 받고 있는 것을 그 사례로 들 수 있다. 카린 월-요르겐센Karin Wahl-Jorgensen 카디프대 저널리즘학과 교수가 호주의 비영리매체인 컨버세이션Conversation에 기고한 글에 따르면 코로나19에 대한 첫 보도가 나온 1월 12일부터 2월 13일까지 한 달 동안 세계 주요 영자신문의 보도 경향을 분석한 결과, '공포 화법'의 사용이 두드러졌다. 약 100개의 매체가 생산해낸 9,387건의 기사들이 분석됐는데 '공포'라는 단어를 사용한 기사가 1,066건에 이르렀다. 특히, 영국의 타블로이드지인 텔레그래프The Telegraph를 포함한 50개 매체는 코로나19를 '킬러 바이러스'라고 표현하기도 했다. 선The Sun의 경우에는 여러 차례 코로나19를 '생명을 앗아가는 질병'으로 묘사하기도 했다. 문제는 이러한 언론보도에서 소개하는 공포 화법이 단순히 독자들을 두려움에 떨게 해 마스크와 음식을 사재기하게 하는 정도로 끝나지 않을 수 있다는 것이다.58

미국의 바이러스와 같은 이름의 맥주 브랜드 '코로나Corona Extra'의 신제품 광고가 비판을 받았다. 미국 공식 SNS 계정을 통해 신제품 탄산수가 해변에 놓인 이미지와 함께 '곧 상륙한다Coming Ashore Soon'는 문구를 적어둔 것이다. 하지만 미국 내 바이러스 확산이 우려되는 상황에서 이 같은 마케팅 활동이 적절치 않다는 비판이 뒤따랐다.

국내에서도 코로나19 사태와 관련하여 소비자들의 공포감을 이용한 도를 지나친 공포 마케팅이 극성을 부리고 있다. 예컨대, 보험과 관계된 공포 마케팅을 사례로 들 수 있다. 소비자들은 본인이 가입한 보험으로 코로나19에 걸렸을 경우 보상을 받을 수 있는지 궁금해할 수 있는데, 일부 보험설계사들이 이러한 정서를 악용해 호흡기나 폐 관련 질환 담보 보험 가입을 권유하거나, 보험 리모델링을 제안하고 있어 심각한 문제가 되고 있다. 일부 보험설계사들은 "코로나19는 완쾌가 되어도 폐가 50% 이상 망가진다", "호흡기가 약한 사람들은 미리 대비해야 한다" 등의 자극적인 설명으로 소비자들의 불안한 심리를 파고들고 있는데, 실제로 폐 질환과 관련된 코로나19를 단독으로 보장하는 보험은 없는 상태이기 때문에 소비자들의 주의가 필요한 상황이다. 만일 기존 건강보험의 '중등도폐렴진단비'나 '중증폐렴진단비' 등 폐 관련 질환 담보 특약에 가입했다고 해도 코로나19에 대한 보상은 어렵기 때문이다.

이 외에도 온라인 쇼핑몰들이 코로나19와는 무관한 공기청정기와 청소기, 비타민과 홍삼 등을 '코로나19 감염예방 필수품'으로 적시해 판매하고 있는 사례, 공기청정기와 가습기 등의 코로나19 차단 효과를 과장해 광고한 사례(마스크로도 막지 못하는 코로나19 바이러스를 공기청정기로 막을 수 있다거나, 제한된 실험조건에서 얻은 바이러스 및 세균 감소 효과를 토대로 소비자가 실제 사용 환경에서 코로나19 바이러스를 퇴치할 수 있다는 내용[59]) 등이 대표적으로 소비자들의 공포심을 이용한 공포 마케팅의 폐해들이다. 일부 바이오 업체들이 코로나19 백신 및 진단 장비를 개발하겠다며 투자자들을 현혹하는 것도 큰 범위에서는 공포 마케팅을 활용하는 것으로 볼 수 있으며, 심지어 메르스, 사스 때 병원에서도 사용했다며 코로나19 바이러스 제거에 효과가 있다는 목걸이를 판매하는 온라인 광고에서는 아연실색하게 된다.

코로나19 사태에서 공포 마케팅이 가져온 순기능도 물론 존재한다. 국내에서 코로나19 감염자의 폭발적 증가가 없는 이유는 사람들이 마스크를 잘 착용하고, 손세정제를 잘 이용하며, 건강에 큰 염려를 하면서 감염예방준칙을 잘 지키고 있기 때문이다. 최근 공포 마케팅으로 가족의 건강을 염려하는 추세가 높아짐에 따라 공기청정기, 살균소독 · 건조기 판매량이 증가하면서 가전업체도 모처럼 웃음을 짓고 있다는 기사도 볼 수 있는데, 기업에게는 단비와 같을 것이다. 하지만 심각한 문제는 코로나19 사태가 진정 기미가 보이지 않으면서 과학적 근거가 없는 가짜 공포 마케팅이 제약 없이 횡행하고 있다는 부분이다. 물론, 기업들이 어려운 상황에서 코로나19 사태를 이겨나가기 위한 일종의 자구책으로 볼 여지도 있으나, 신종코로나 사태를 상술의 관점에서 접근하는 행태는 실제로 문제해결에 기여하지는 못하고, 국민적 불안감만 키우는 결과를 초래할 수 있기에 언론, 시민단체, 정부당국의 강력한 감시와 문제가 될 경우의 법적 처벌이 필요한 부분이다. 하지만 결국은 소비자들이 더욱 그러한 마케팅을 경계하고 현혹되지 말아야 할 것이다. 또한, 정부차원에서 모니터링을 강화하고 판매를 잡는 것에 힘쓰는 것도 중요하지만, 합리적 소비를 권장하는 가이드라인을 만들어 소비자들이 안심하고 소비할 수 있도록 하는 방향성도 고려해야 할 것이다.[60]

무엇보다도 기업들은 홍보와 마케팅에 있어서 해도 되는 것과 하지 말아야 할 것들Dos& Don'ts이 반드시 존재한다는 것을 분명히 명심해야 한다. '홍보만 된다면 뭐든지 괜찮다'가 아니라 그 내용을 보고 사람들이 인식하는 부분, 경험하는 부분까지도 충분히 고려해야 한다. 현재와 같이 촌각을 다투는 심각한 위기상황에서는 더욱 그러한 세심한 고려가 필요할 것이다.

04.

테크놀로지 혁신과 과제

코로나가 쏘아올린 원격의 시대

'원격遠隔'이라는 용어는 멀리 떨어져 있다는 의미이다. PC에 인터넷 망이 연결되면서 원격이라는 용어가 아주 빈번하게 사용되고 있다. 원격회의, 원격수업, 원격진료 등 다양하다. 이들 회의, 수업, 진료 등은 원거리 통신과 정보 기술을 이용하게 된다. 쉽게 말해서 서울과 뉴욕에서 서로 모니터 화면을 통해서 얼굴을 보면서 의견도 교환하고, 서로에게 파일도 공유할 수 있는 것이 바로 '원격기술'이 지원하는 '원격회의'의 모습이다.

최근 코로나19 사태로 인해서 '원격'이라는 용어는 더욱 친숙해지고 있다. 감염우려로 인한 비대면 상황이 지속되면서 일터와 학교 등으로 출근이나 등교하기 어려워지고 있고, 이에 인터넷 기술을 기반으로 하는 소위 '원격생활'이 본격화되고 있는 것이다.

실제로 코로나 사태로 인해서 재택근무가 증가하고 있다. 초기에는 IT 기업 위주로 활용하던 재택근무 제도가 공공기관, 대기업까지 번지며 '뉴노멀'로 자리매김하자 예전처럼 사무실을 유지할 필요가 크게 줄고 있다. 사무실을 공유 오피스로 대체하려고 검토하거나 아예 없앤 사례도 등장했다. 그렇게 되면서 자연스럽게 오프라인 회의도 모니터를 통해서 팀원들과 같이 토론하고 의견을 나누는 '원격회의'로 변화되고 있다.

물론, 원격회의에 대한 회의감도 존재한다. 기존 오프라인 회의에서는 직접 얼굴을 보면서 회의를 하기 때문에 모든 참가자들이 적극적으로 참여하고, 열기와 긍정적 에너지를 몸으로 느낄 수 있어 성공적인 회의가 가능하다. 회의가 끝나고 이어지는 식사 자리 등에서 더욱 심도 높은 이야기도 나눌 수 있다. 온라인을 통한 원격회의는 물론 이러한 장점들이 감쇄될 수 있다. 하지만 코로나 사태로 인한 미증유의 위기 속에서 모든 조직체들은 원격회의로 인한 문제를 해결하기 위해 많은 노력을 기울이고 있고, 어쩔 수 없는 선택이 되고 있다.

이렇게 기업, 정부의 원격기술을 활용한 화상회의에 대한 수요가 증가하면서 자연스럽게 그 시장도 커지고 있다. 이에 전 세계적으로 화상회의 서비스인 시스코Cisco사의 웹엑스Webex와 경쟁 서비스인 줌Zoom, 마이크로소프트MS 팀즈Teams가 사용되고 있다.

웹엑스는 글로벌 점유율 1위를 기록한 영상회의 솔루션이다. 시스코가 네트워크 설계와 하드웨어 제조, 소프트웨어까지 개발할 수 있는 기업이기 때문에, 웹엑스의 안정성과 완성도, 보안도 뛰어나다는 평가를 받고 있다. 하지만 정작 주목받는 것은 '줌'이다. 줌은 데스크톱 및 노트북은 물론, 모바일 환경에서도 원활한 화상회의를 지원해 인기를 끌고 있다. 줌의 화상회의의 특징은 바로 채팅 기능이다. 채팅 기능이 포함돼 있으니 여러 사용자가 대화하며 회의를 진행할 수 있고, 한 번 클릭으로 회의를 시작할 수 있어 빠른 업무 연속성을 추구하는 환경에 적합하다.61

줌이 더 주목받는 이유 중 하나는 경쟁사인 시스코에 근무하던 그리고 중국에서 광산 엔지니어의 아들로 태어난 중국계 에릭 유안이 설립했기 때문이다. 줌은 B2C보다는 기업들을 대상으로 하는 클라우드 기반 B2B 서비스다. 사용자들은 화상회의 및 웨비나와 같은 이벤트를 진행할 수 있다. 하지만 최근 줌 이용자들이 미팅 도중 신원을 알 수 없는 누군가가 욕설을 하거나, 음란물 등 혐오스러운 이미지를 띄우는 일이 발생하면서 보안에 대한 비판이 쏟아지고 있다. 이러한 틈을 공략한 것이 바로 MS의 '팀즈'이다. MS는 보안에서 막강한 회사다. 팀즈는 실제 종단 간 암호화 방식을 통해 강력한 보안 인프라를 자랑하고 있다. 여기에 데이터 저장, 서버(데이터센터), 클라이언트 단(사용자 디바이스) 모두에서 암호화되어 저장한다. 글로벌 시장에서 이 3개 업체가 3파전을 벌이고 있는 형국이다. 하지만 코로나19 상황이 진정된 후에도 영상회의 솔루션 시장 확대가 지속될 것으로 보이기 때문에 국내외 다른 후발주자들도 기회를 얻을 수 있을 것으로 예상된다.

한편, 교육계에서도 원격교육이 일반화되고 있다. 코로나로 인한 휴교령이 내려지면서, 대학은 물론 초중고에서도 학교와 가정을 잇는 원격 2원 교육이 중요한 화두가 되고 있다. 온 · 오프라인 교육

코로나19 사태로 인해 일, 여가, 교육, 의료 등 인간 삶의 모든 분야에 '원격'의 개념이 빠르게 확산되고 있다 ©Pixabay

이 혼합된 '블렌디드 러닝Blended learning'이나 온라인 선행학습 이후 오프라인 수업으로 토론을 하는 '플립 러닝Flipped learning'이라는 생소한 용어들이 등장하게 되었고, 초기에 서버의 불안정 문제와 교원의 온라인 시스템에 대한 이해도 부족, 상호커뮤니케이션 문제 등의 시행착오를 거쳐서 이제는 원격교육 시스템이 상당히 안정되어 간다는 평가도 받고 있다.

대학을 예로 든다면, 초기에 교수나 학생 또한 원격수업에 회의적이었다. 교수들은 수업 준비, 과제물 처리, 성적 처리에 시간이 많이 소요되지만 별다른 인센티브가 없는 원격수업에 소극적이었다. 학생들은 원격수업이 편리하기는 했지만 왠지 수업의 질이 떨어지는 느낌이 들어 같은 등록금을 내고 수강하는 것을 망설였다. 대학들은 각종 대학평가의 주요 지표였던 강좌당 학생 수와 교수당 학생 수 관리 차원에서 원격수업을 주저했다.[62] 하지만 몇 달이 지난 상황에서 돌이켜본다면 오히려 대학, 학생, 교육당국에게 새로운 교육의 미래를 그려볼 수 있는 좋은 기회가 되었다. 무엇보다도 원격수업에 대한 거부감이나 편견을 불식하고 확대 가능성에 주목한 것은 이번 코로나19 사태로 인한 교육계의 교훈이다.

세계 각국도 원격교육시장에 관심을 갖고 전략적인 접근을 하고 있다. 예컨대, 미국은 코로나19로 거대한 원격교육 실험에 나서고 있다. 원격교육은 기본적으로 온라인 활동을 중심으로 이뤄진다. '줌ZOOM', '구글 클래스룸', '블랙보드' 등 다양한 온라인 원격교육 플랫폼이 활용되고 있다. 교사가 구글 클래스룸이나 블랙보드에 학습자료를 올려놓고 학생들이 이를 토대로 과제물을 수행하거나 유튜브 영상을 통해 읽기 자료를 공유한다. 온라인 플랫폼에서 교사가 학생들과 만나는 '가상 미팅'도 이뤄진다. 요컨대, 미국의 원격교육은 온라인 플랫폼을 통한 수업 및 과제물, 학습자료 이용, 개별 또는 그룹으로 진행되는 학습, 특정 시간을 정해 진행하는 웹 채팅, 출력물 학습지, 유튜브 동영상 및 케이블 방송 등 다양한 방식으로 진행된다.[63]

유럽 역시도 코로나 휴교령으로 원격교육을 통해 교육의 공백을 최소화하기 위해 노력하고 있다. 실제로 코로나19의 여파로 온라인 수업을 도입한 유럽 국가가 적지 않다. 이탈리아, 스페인, 오스트리아 등 휴교령이 내려진 유럽 국가에서는 각종 형태의 온라인 동영상 수업이 진행되고 있다. 예컨대, 프랑스 교육당국은 6만 2,000여 개교에 재학 중인 학생 약 1,200만 명의 교육 공백을 메우기 위해 '내 교실은 집'이란 온라인 플랫폼을 운영하고 있다. 이를 활용해 동영상 강의와 진도표, PDF 교재, 자습 자료 등을 제공한다.

유럽에서는 2000년대 초반 디지털 환경이 급속히 발전하면서 e북, 온라인 콘텐츠의 필요성이 대두되었다. 유럽연합EU 차원에서도 2010년 이전부터 디지털 정보와 교육의 중요성 및 정보격차 관련 각종 제도가 정비되었다. 그럼에도 2020년 현 시점에서 크게 나아진 점이 없다는 게 코로나 사태를 계기로 드러나 최근 유럽 각국에서는 교육당국의 대비가 불충분했다는 여론이 일고 있다.[64] 이상과 현실의 괴리감이 클 수밖에 없다.

원격의료도 코로나19 사태로 더욱 본격화될 것으로 예측된다. 원격의료라 하면 일반적으로 정보통신 기술을 이용해서 원거리에 의료정보나 의료 서비스를 전달하는 모든 활동을 의미하는데, 코로나 사태로 인해서 감염으로 인해 병원을 가기 꺼리는 환자들이 증가하면서 다시금 중요한 화두가 되고 있다. 정부에서도 디지털 기반 비대면 산업을 적극 육성한다고 밝혔는데, 여기에 포함된 산업은 비대면 의료 서비스와 더불어 재택근무, 원격교육, 배달유통 등이다. 코로나 사태로 인해 원격의료시장은 세계적으로 큰 성장을 보일 것으로 전망된다. 실제로 미국 시장조사업체 스태티스타Statista에 따르면 세계 원격의료시장은 2021년 약 50조 원에 달할 것으로 조사됐다. 특히 이 중 코로나19 사태로 인해 가장 큰 피해를 입은 미국은 원격의료 확대에 가장 많은 노력을 기울이고 있다.

미국식품의약국FDA은 의료장비의 사용과 관련한 원격의료 지침을 새롭게 발표했다. 원격의료에 대한 진입장벽을 낮추고 특정 모니터링 장치에 대한 사전 규제를 완화하는 것이 수정 지침의 핵심 내용이다. 이로써 스카이프 등 화상전화 통신기술 등을 통한 의료행위가 허가됐고 주 면허와 관계없이 미국 전역에서 원격의료가 이뤄지고 있다. 코로나19와 별개로 원격의료는 고령 시대, 1인 가구 시대에 유용하다. 당뇨나 고혈압 같은 만성질환자나 이동이 부담스러운 노인이나 장애인, 격오지에 사는 사람의 경우 굳이 약을 처방받거나 통증이 심하지 않은 증상을 상담하기 위해 병원까지 가지 않아도 된다.

코로나19 사태가 종식되더라도, '원격'을 기반으로 하는 서비스, 산업군은 지속 성장할 것으로 기대된다. 여기에 4차 산업혁명의 대표기술들인 인공지능, 빅데이터 처리기술, VR/AR 등의 결합은 더욱 원격산업의 확대에 날개를 달아줄 것으로 기대된다. 예컨대, 구글의 화상회의 솔루션 '구글 미트'는 야간에 모바일에서 화상회의를 할 때 AI를 활용한 저조도 모드로 영상을 밝게 보여주고 있다. 페이스북은 화상회의가 가능한 '메신저 룸스'에서 사용자가 AR 필터를 사용하고 실시간으로 배경화면을 바꿀 수 있게 서비스하고 있다.

정보화 시대에 인류가 축적한 경험과 지식을 토대로 4차 산업혁명의 핵심 기술을 활용해 디지털 혁신을 촉진하고 글로벌 경쟁력을 높이려는 시도가 이어지고 있는데, 코로나19 사태가 그 실험적 플랫폼들이 정착되는 계기가 되고 있다. 원격회의, 원격수업, 원격의료 등도 그 대표적 사례이다. 다만, 원격기술의 발전이 인간활동의 모든 부분을 격리시키는 것으로 가서는 안 될 것이다. 코로나 사태가 종식되면 다시 일상으로 복귀할 것이고, 대면을 통해 업무, 교육, 진료행위 등이 이루어질 것이다. 지나친 원격산업에 대한 맹신과 긍정적 효과에 대한 지나친 기대도 금물이다. 인간은 사회적 동물이다. 원격기술이 모든 인간소통과 네트워킹의 기준이 되어서는 곤란할 것이다.

자율과 감시 사이 ; 정보 공개 Vs. 프라이버시 침해?

감시연구센터Surveillance Studies Centre의 소장을 맡고 있는 데이비드 라이언David Lyon의 저서 〈감시사회로의 유혹The Surveillance Society〉65은 현대사회를 살고 있는 우리에게 '감시'가 주는 의미와 다양한 논쟁점을 제공해준다. 이 책에서 언급하는 감시는 우리가 흔히 알고 있는 빅브라더나 전체 권력에 의한 감시를 의미하는 것이 아니고, 이동성과 속도, 안전과 소비자의 자유를 선호하는 사회에서 질서를 유지하고 조율하는 중요한 수단으로서의 감시이다.

즉, 고속도로를 달릴 때, 길을 걸을 때, 카드 결제를 할 때, 대중교통을 이용할 때, 이메일을 주고받을 때, 인터넷 쇼핑을 할 때 CCTV나 네트워크 등을 통해 우리의 움직임과 거래 내역이 감시 시스템에 저장된다. 우리가 평소에 누리는 거래와 소통의 효율성과 편리함은 오늘날 삶의 핵심적인 특징이며 감시는 바로 이런 효율성과 편리함에 동반된다. 이때의 감시는 단순히 억압과 통제의 문제가 아니며, 판옵티콘의 외양을 띠는 것이 아니라 생산적인 권력으로 보일 수 있다는 점에 주목해야 한다. 편리함, 사회질서의 유지라는 긍정적 효과가 있기에 사람들은 '감시'라는 측면을 그렇게 부정적으로 받아들이지 않는다는 것이다. 오히려, 감시의 과정에서 감시 대상인 개인의 적극적인 참여가 이루어진다. 사람들의 움직임과 거래 내역은 감시 시스템에 저장되고, 그 결과 감시 시스템이 사람들의 활동을 조정하는 일에 스스로 협조하게 되는 것이다.

최근 코로나 사태를 경험하면서도 '감시'의 문제가 중요한 화두가 되고 있다. 물론, 아직까지는 부정적인 측면의 논의보다는 정부의 통제와 개인의 프라이버시 및 권리의 제한을 코로나라는 팬데믹을 예방하고 막아내기 위한 수단으로서 어쩔 수 없이 받아들이는 측면이 더욱 크다. 우리의 경우에도 정부의 통제하에 매우 긍정적인 결과를 얻어냈기에 아직까지는 크게 문제시되고 있지는 않다. 물론, 유발 하라리 같은 학자는 "보통 때는 몇 년의 숙고가 필요한 미성숙하고 위험한 기술들이 위기상황에선 합법성을 쉽게 인정받는다"고 경고하고 있기도 하다.

실제로 국내에서는 코로나19 사태를 계기로 하여 개인별 동선 정보를 정부가 확보해 활용하고 있다. 정부는 10분 만에 확진자 동선을 파악하는 '코로나19 역학조사 지원 시스템'을 사용 중이다. CCTV 자료, 신용카드 사용정보, 스마트폰 위치정보 등이 분석에 쓰인다. 경찰청 · 여신금융협회 · 3개 통신사 · 22개 신용카드사가 협력하고 있다. 이는 스마트시티 기술을 활용한 것으로 알려져 있는데, 이 시

코로나의 확산을 막기 위해 시민들은 기꺼이 '감시'의 대상자가 되고 있다. ©Pixabay

스템은 코로나19가 확산되자 국토부가 2020년 2월 말 개발에 착수해 한 달 만에 시스템을 만들어 질병관리본부로 이관했다. 국토부 직원들이 코로나19 퇴치를 위해 필요한 것이 무엇이 있는지 논의하는 브레인스토밍에서 이 역학조사 지원 시스템 아이디어가 나왔고 사흘 만에 시제품(프로토타입)이 나온 것으로 전해진다.[66]

행정안전부의 자가격리자 안전보호 앱은 위성항법장치GPS로 자가격리자의 위치를 확인하는 시스템이다. 2020년 3월 7일부터 시작된 이 서비스는 GPS를 활용해 자가격리자가 격리장소에서 이탈하면 격리자와 관리자 앱에서 모두 경보음이 울리도록 하며, 격리자가 GPS를 차단해도 경보음이 울린다. 또한, 오전과 오후 한 차례씩 푸시push 알람이 울리면 격리자가 발열, 기침, 인후통 등 코로나19 증상 유무를 자가 진단해 항목별로 '예' 또는 '아니오'를 체크해 전송하도록 하고 있다. 사람들은 생각보다 더욱 이 자가격리 앱

활용을 잘 준수하고 있으며, 이탈률도 그리 높지 않다. 행안부에 따르면 2020년 2월 19일부터 6월 10일까지 자가격리자 누계 32만 4,160명 중 531명(0.16%)이 자가격리 중 무단이탈한 것으로 나타났다. 적발 경로는 주민신고가 162명(31%)으로 가장 많았다. 또한, 4월 27일부터 자가격리자 중 무단이탈자에게는 안심밴드를 채우고 있다. 만일 안심밴드 부착을 거부할 경우 별도 시설에 격리하고 있다. 시설 격리에 따른 비용은 위반자가 부담해야 한다. 정부는 자가격리 무단이탈자에 대해 무관용 원칙을 계속 적용하고 있다.

국내의 자가격리자 안전보호 앱, 안심밴드 등은 사생활 침해 등의 논란이 있음에도 불구하고 해외에서도 주목을 받고 있다. 소위 'K-방역'의 대표 브랜드가 되고 있는 것이다. 실제로 IDBInter-American Development Bank(미주개발은행)가 중남미 국가의 코로나19 대응을 지원하기 위해 자가격리 앱을 현지화해 도입하고자 하는 의사를 밝혀왔고 이를 지원하기로 했다. 2020년 3월에 중남미 국가를 대상으로 영상회의를 열고 우리나라 코로나19 기술 활용 사례를 소개한 뒤 페루가 우선 시범 적용 대상으로 결정되었다. IDB는 이 프로젝트를 위해 약 14만 달러를 투입했다. 페루에서의 시범 운영을 거친 뒤 자가격리 앱은 중남미 다른 국가들로 보급이 진행될 것으로 기대되고 있다.67

이러한 코로나와 관련한 정부의 감시통제 시스템은 우리나라를 비롯한 아시아권 국가들에서 주로 운영되고 있다. 이를 정부 통제에 잘 동조하며, 타인에 대한 배려가 우선시되는 동양문화권의 특징이라고 분석하는 경우도 있다. 예컨대, 대만은 '전자 울타리 Electronic fence'라는 휴대전화 위치추적 시스템으로 자가격리자를 관리한다. 휴대전화 위치가 주소지에서 일정 거리 이상 멀어지거나 휴대전화기 신호가 15분 이상 잡히지 않으면 지역 공무원이나 경찰에 알람이 가고, 15분 내에 해당 주소지에 연락을 하거나 직접 방문하여 확인하는 시스템이다. 대상자들이 휴대전화를 집에 두고 외출하지 않는지 하루 2번 직접 전화를 걸어 확인한다.

또한, 홍콩의 경우에는 해외 입국자를 포함한 자가격리자들에게 14일간 전자팔찌 착용을 의무화하고 있다. 전자팔찌의 QR코드를 휴대전화 앱에 연결해 자가격리자의 위치가 자동으로 보건당국에 보고되는 방식이다.

중국은 사회주의국가답게 ICT를 활용한 통제와 감시에 가장 적극적으로 나서고 있다. 코로나19 사태의 진원지이기도 하지만, 그만큼 ICT기술이 매우 발전해 있다는 방증이기도 하다. 인공지능, 빅데이터, 드론 등 다양한 4차 산업혁명의 테크놀로지들이 총동원되고 있다. 실제로 중국 IT 기업인 텐센트, 알리바바는 개인별 진료기록과 통신위치, 결제 정보가 담긴 'QR코드' 앱을 만들었다. 이 앱은 최근 14일간 동선을 바탕으로 코로나19 감염 가능성을 진단하는 시스템이다. 이 앱은 '건강코드健康码'라고 불린다. 건강코드의 획득 절차는 개인이 본인의 신상 정보, 건강 정보, 최근 14일 내 증상자와 접촉 여부 등을 입력하면 심사를 거친 후 개인별 QR코드를 부여하게 된다. 건강코드는 녹색, 황색, 홍색의 총 3가지 등급으로 분류된다. 녹색이 통행 가능을, 황색은 7일 격리, 홍색은 14일 격리를 의미한다.

중국기업 센스타임SenseTime, 商汤은 마스크를 쓴 사람까지도 누구인지 0.3초 내에 99%의 정확도로 파악하는 기술과 발열측정을 결합한 장비를 LG전자 자회사에 공급하기도 했다. 센스타임의 솔루션은 현재 각종 건물이나 사무실 출입구, 공항이나 기차역, 지하철역 등 공공장소에 설치되어 있다. 보통 공공장소에는 열을 측정하는 인력이 별도로 배치돼 있지만, 센스타임 솔루션을 이용하면 그럴 필요가 없다. 따라서 면대면 접촉이 줄어 교차 감염의 위험도 대폭 줄어든다. 현재로서는 중국 국민의 건강을 안전하게 지켜낸다는 중요한 목표가 있기 때문에 가능한 모든 방법을 동원하는 데 이견이 없다. 또한, 중국의 국유기업인 중국전자과기그룹CETC은 최근 '밀접접촉탐지기Close Contact Detector'라는 신규 플랫폼을 출시했다. 이것은 교통부와 중국철도공사, 항공당국으로부터 확보한 개개인의 이동 정보를 보건당국의 개인정보와 연계하는 것이다. 사용자들은 알리페이Alipay나 위챗WeChat, 큐큐QQ 등의 플랫폼을 통해 서비스를 이용할 수 있다.68

코로나 사태 이후로 환자를 빨리 찾아내고, 격리하고 적절한 치료를 받게 하는 것이 바로 그 국가에서 코로나가 확산되지 않는 중요한 솔루션이 되고 있다. 따라서 앞서 잠시 논의했지만 모든 테크놀로지가 개인의 정보와 신상 그리고 동선을 추적하고 기록하는 데 있어 국민적인 우려와 저항은 적은 편이다. 하지만 당연히 그러한 감시의 일상화로 인한 폐해와 문제점은 드러날 수밖에 없다. 예컨대, 국내에서도 코로나19 확진자의 동선을 공개하는 것은 2차 피해를 막는다는 점에서 대단히 유용하다는 평가를 얻었지만, 이들의 동선이 상세하게 공개되면서 공중보건과 무관한 사생활 침해 피해가 발생하고 있다는 지적을 받고 있다. 결국, 동선의 공개는 감염 뒤 이용한 교통수단과 방문한 장소를 공개해 접촉자를 찾아내기 위한 목적인데, 성별과 나이, 성씨, 직업, 거주지까지 공개가 되면서 2차적인 피해가 벌어지고 있다는 비판을 받는다. 유흥업소, 노래방 등을 방문한 확진자에 대한 비난, 그리고 거주지역이 밝혀지면서 벌어지는 주민들의 소위 낙인찍기가 확진자에게 고통을 주는 경우도 비일비재하게 되었다.

과거에는 질병의 확산 방지와 통제를 위해 감염자 개인에 대한 추적감시라는 개념이 존재하지 않았다. 기술적 뒷받침이 없었기 때문이다. 하지만 이제는 스마트폰과 통신 기지국 정보, 와이파이 접속, 위치정보, 신용카드 사용내역, CCTV 등의 ICT를 활용해 감염자와 밀접접촉자를 가려내고 동선을 세밀하게 관리하고 있다.

〈사피엔스〉의 작가 유발 하라리는 '코로나바이러스 이후의 세계'라는 언론기고문을 통해서 공동체의 안녕과 안전이 위협받는 상황에서 감시기술을 거부해온 나라들에서도 대량 감시 도구가 일상화할 상황을 경고하고 있다. 코로나라는 초유의 사태가 감시 시스템을 당연시하도록 만든다는 것이다. 위기상황에서는 사람들의 태

코로나19 사태로 감시기술의 사용에 대한 저항은 크지 않지만, 대중감시의 일상화는 경계하고 지양해야 할 부분이다. ©unsplash

도가 빠르게 변화하기 때문에 코로나19 이후엔 많은 나라에서 감시 기술이 적극 수용될 수 있다는 우려를 담고 있는 것이다.

중국의 모습은 그러한 우려의 현실화된 모습이다. 현재 중국과 같이, 대중에 대한 감시와 정보추적을 당연하고 공공의 안녕을 위한 온당한 조치로 여기는 것은 비판의 여지가 있다는 것이다. 물론, 현재와 같은 위기상황에서는 어느 정도의 통제와 정부의 대중감시가 필요할 수 있다. 하지만 다양한 감시기술로 사회를 통제하는 일은 코로나바이러스 종식 이후에는 금지해야 할 부분이며, 정부의 개인정보 활용 한계도 명확하게 해야 한다. 현재는 이러한 부분에 대한 논의와 지적이 빠져 있다. 사회적 논의와 공론화가 필요한 시점이다.

코로나 확산 방지의 선봉장, 인공지능과 빅데이터

이세돌 9단과 인공지능 바둑 프로그램인 알파고AlphaGo의 대국을 통해 일반인에게도 친숙해진 인공지능, 즉 AIArtificial Intelligence는 4차 산업혁명의 핵심 기술로 떠오르면서 주목받고 있다. 예컨대 가천길병원에서 도입한 IBM의 인공지능 진단 프로그램 '왓슨 포 온콜로지Watson For Oncology'는 대장암 환자에게 7초 만에 최적의 치료법을 제시하는 등 숙련된 전문의 이상의 판단 능력을 보여주고 있다.[69]

하지만 인공지능이 말은 거창해 보여도 실은 우리에게 아주 익숙한 '어떤 것'일 뿐이라는 주장이 있다. 그 어떤 것이 과거 수십 년간의 축적된 기술을 바탕으로 최근에 급속하게 발전하면서 강력해진 것이다. 여기서 지칭하는 그 어떤 것은 바로 '컴퓨터'인데, 컴퓨터가 과거에 비해 그 차원이 다르게 강력해져서 쓰임새가 많이 달라지고 있으니, 이를 인공지능이라고 명명하는 것이다.

그런데 지금의 인공지능들은 1950년대부터 열심히 개발해 오던 이전 세대들의 인공지능과는 다르다. 과거의 인공지능 컴퓨터에게 일일이, 구체적으로 지식을 다 입력해서 어떻게 행동하라고 미리 프로그래밍을 하려 했던 것인데 기대만큼의 큰 성과를 거두지 못했다. 최근에 인공지능이 주목받는 것은 발전된 기술을 바탕으로 데이터를 통해 컴퓨터가 스스로 처리하는 영역을 넓혔기 때문이다. 결국 인공지능이란 컴퓨팅 기술을 기반으로 한 새로운 데이터 활용법이라고 할 수 있다.[70]

인공지능은 데이터를 어떻게 활용하고 처리하느냐에 따라서 그 원하는 결과가 달라질 수 있다. 최근의 인공지능을 최신 트렌드로 끌고 온 것은 바로 '빅데이터Big data'이다. 인공지능이 방대한 데이터를 자체 알고리즘을 가지고 학습하며 특정 분야에서 인간의 지능보다 앞선 능력을 보인 것이다. 인공지능 기술은 지난 수십 년 동안 존재해 왔지만, 인공지능의 성공적이고 효율적인 퍼포먼스를 위해 필요한 원재료인 데이터가 폭발적으로 증가함에 따라 엄청난 속도로 발전할 수 있게 된 것이다.

실제로 매일 수십억 건에 달하는 구글 서치를 통해 구글은 인공지능이 오타 및 검색 성향 등을 배울 수 있는 데이터를 실시간으로 대량 수집할 수 있다. 애플의 인공지능 음성 비서인 '시리Siri'도 언어 습득에 도움을 주는 수십억 시간의 음성 데이터가 없었다면 언어 이해는 기초적인 수준에 머물렀을 것이다. 이렇게 인공지능과 데이터, 특히 초연결사회가 되면서 다양한 사물에서 공유(특히, 스마트폰과 같은 개인 휴대기기)되는 빅데이터는 불가분의 관계라고 할 수 있겠다.

코로나19 사태에서도 인공지능, 다양한 형태의 빅데이터를 활용하여 감염병 확산의 예측, 백신의 개발 등 다양한 측면에서 도움을 얻고 있다. 전 세계 과학자들이 코로나19 퇴치를 위해 필사적인 노력을 기울이고 있는 가운데 4차 산업혁명의 핵심 기술들이 큰 조력을 하는 셈이다. 우선, 바이오 R&D에서 응용이 확산되고 있는 인공지능 감염병을 치료하고, 감염원 전파를 차단하는 데에 핵심적 지원을 할 것으로 기대되고 있다. 코로나19와 관련하여 방대하고, 실행 가능한 정보를 생성하는 데에 있어 인공지능이 없으면 불가능하다는 점에서 코로나19 사태에서 그 강력한 위력을 과시하고 있다. 실제로, 인공지능의 장점은 머신러닝Machine learning을 활용하여 대량의 데이터를 분석할 수 있기 때문에, 신약 타깃, 후보물질 선별, 치료효과 예측 등 새로운 통찰력을 제공할 수 있다. 실제로, 유

코로나의 예방과 확산 그리고 치료를 위해서 4차 산업혁명의 핵심 기술인 인공지능이 최근 활발하게 활용되고 있다. ⓒPixabay

망한 인공지능 적용 분야 중 하나는 감염에 중요한 단백질의 분자 구조를 탐색하여 코로나19 치료에 효과적인 기존 약물을 발굴하는 것인데, 스탠퍼드대학 러스 알트만Russ Altman 교수팀은 인공지능을 사용하여 바이러스 감염에 중요한 단백질의 3차 구조 분석 가능성을 제시하여 주목받고 있다.

한편, 최근 OECD에서는 코로나19와 같은 대유행 감염병 관리의 모든 단계에 인공지능이 활용될 수 있음을 시사하고 있는데, 대유행 감염병의 탐지(조기경보, 진단), 예방(예측, 감시 등), 대응(배달, 서비스 자동화), 회복(모니터링)에 이르는 모든 단계의 관리를 지원하고, 연구를 가속화하는 데에 인공지능이 다방면에 활용될 수 있다고 제안하고 있다.[71]

AI 활용사례 중 코로나19 상황에서 맹활약한 서비스로 단연 캐나다의 AI 스타트업 블루닷Bluedot을 꼽을 수 있다. 블루닷은 전염병 확산을 추적하고 개념화하도록 설계된 소프트웨어이며, 이 소프트웨어를 만든 동명의 회사 역시 '블루닷'이다. 이 회사는 직원 중 40명이 의사, 전염병 학자, 엔지니어, 데이터 사이언스 및 소프트웨어 개발자로 이루어졌을 만큼 전염병 관련 인공지능 소프트웨어를 만드는 데 충분한 전문성을 확보하고 있다. 블루닷은 행정 정보(인구수, 지리적 위치), 바이러스의 특징(유전자 분석, 감염 방식, 잠복기) 그리고 기존 다른 감염병의 확산 양상 등을 종합해 특정 지역에 감염병이 나타날 가능성을 분석한다. 이후 항공권 이용 정보와 같은 이동 정보까지 포함해 바이러스가 진원지를 벗어나 다른 지역으로 퍼져나갈 확률도 계산한다. 블루닷은 세계보건기구WHO보다 앞서 코로나19 사태를 경고했다.[72]

의료 및 정부 기관에서는 코로나19 증상의 비접촉 진단 검사와 일반인의 질문에 답하기 위해 기계 학습으로 가능한 챗봇chatbot을 사용한다. 프랑스의 신생기업인 끌레비Clevy.IO는 코로나 위기에 활용할 수 있는 챗봇을 출시했다. 이 챗봇은 증상을 진단하고 정부 정책에 대한 질문에 답한다. 현재까지 약 3백만 건의 메시지가 이 챗봇으로 전송됐다. 프랑스 주요 도시들은 챗봇을 활용해 정확하고 검증된 정보를 확산시키고 있다.[73]

또한, 미국의 임상 인공지능 전문업체인 제이비온Jvion은 무료 공개 도구인 'COVID Community Vulnerability Map'을 출시하여 바이러스 감염 시 심각해질 수 있는 집단을 식별하도록 하고 있다. 노약자 및 만성 질환자 주거지역, 대학 기숙사와 같은 밀집 주거지역 등 사회적 위험요소를 찾아 지도에 표시해주고 있다. 이와 같은 시스템은 개인정보를 다루고 있지 않기 때문에 프라이버시 문제에서 자유롭고 전염병 확산을 사전에 대응할 수 있다는 점에서 사람들을 바이러스에 감염시켜 확산되게 하는 사회경제적, 환경적 위험요소를 파악하는 데 있어 최적의 솔루션으로 평가받고 있다.[74]

한편, 코로나19 사태와 관련하여 인공지능 기술과 빅데이터는 밀접한 관계이다. 빅데이터를 기반으로 인공지능이 다양한 솔루션을 제공할 수 있기 때문이다. 전 세계 코로나19 방역 및 확진자 진단 분야에서 빅데이터는 적극적으로 활용되고 있다.

인공지능을 활용한 빅데이터 분석 기술이 코로나19와 같은 전염병 방역에 활용되는 이유는 무엇보다도 인간이 바이러스보다 더 빨리 움직이도록 하기 위해서이다. 코로나19 사태를 통해 증명되었듯, 전염병의 확산 속도는 예측하기 어려울 정도로 빠르다. 인간의 물리적 역량만으로는 따라잡기 어렵기 때문에, 이 같은 확산에 대한 인간의 대응 관련 속도 차 극복을 위해 머신러닝 및 딥러닝이 가능한 인공지능의 지원으로 빅데이터에 대한 세밀한 분석이 시도되는 것이다.

실제로 빅데이터는 코로나19의 병증 분석이나 방역 도구로서 그 효용성이 부각되고 있다. 엄청난 의료 데이터에서 규칙성을 찾아내 원인을 분석하고, 환자들의 동선을 파악해 방역 대책을 세우며, 유전자 구조를 빠르게 분석해 백신의 가능성을 탐색하는 데 활용된다. 물론, AI의 뒷받침이 전제되어야 한다.

예컨대, 미국의 네바다 주에 있는 IDEARensselaer Institute for Data Exploration and Applications와 같은 연구기관은 슈퍼컴퓨터를 통해 바이러스를 모델링하고, 팬데믹과 관련된 소셜미디어 반응을 추적하기도 한다. 처음 질병이 유행했던 중국의 소셜미디어 반응을 미국과 비교함으로써 징후 및 증상을 인식하고, 병원 자원의 가용성을 체크할 수 있기 때문이다.[75]

국내에서는 KT가 신종 코로나19 관련 연구활동과 솔루션 개발을 위해 빅데이터를 지원하고 있다. 자체 수집한 빅데이터를 교육·연구기관, 중소·벤처기업, 스타트업 등 코로나19 관련 연구를 하는 조직을 대상으로 90% 할인해 제공하여 주목을 받고 있다. 실제로 KT는 자사의 빅데이터 솔루션인 '빅사이트BigSight'를 통해 코로나19 발생 전후 1년 동안의 통신 데이터를 기반으로 분석한 유동인구 빅데이터를 갖고 있는데, 전국 주요 시·군·구의 관광, 상권 분석 빅데이터가 대표적이다.

코로나19 사태에서 인공지능과 빅데이터를 활용하면 전염병 문제뿐만 아니라, 사회적 문제 해결도 가능할 것으로 예측된다. 예컨대, 일주일 단위로 국내·외 여행 유동인구나 대중교통 활용률, 신용카드 이용 정보, 전기 사용량, 온라인 소비 등을 분석하고 경제

코로나 팬데믹과 관련한 방대하고 다양한 형태의 빅데이터는 의료기관과 정부에게 훌륭한 인사이트를 주고 있다. ©unsplash

대체지표로 삼아 경제 회복 속도를 측정하고 이에 맞는 솔루션을 제언하는 것도 가능할 것이다.

그럼에도 불구하고, 빅데이터와 인공지능에 의한 분석은 기본적으로 개인의 '정보'를 기반으로 이루어지기 때문에 비판의 지점도 존재한다. 무엇보다도 데이터의 수집부터 활용까지 프라이버시 침해에 대한 논의가 불거질 가능성이 높다. 특히, 의료 데이터는 인권과 윤리 문제 등에 걸려 확보가 쉽지 않고, 반대로 개인정보를 취득할 수 있는 SNS에는 노이즈와 편향성이 있는 데이터가 너무 많다는 한계를 극복해야 하는 등 과제도 있다.

코로나19 대응 과정에서 국가방역체계 전 주기에 걸쳐 인공지능과 빅데이터가 다방면에서 활용되었다. 현재의 인공지능 기술은 인간의 지능을 복제하는 것과는 거리가 멀지만 경로추적, 환자진단, 무인 현장대응, 신약 및 백신 개발 등에서 큰 도움이 될 수 있음을 입증했다.

코로나19의 영향으로 전 지구적 차원에서 큰 어려움을 겪고 있지만, 인류의 재난 극복 노력에 인공지능과 빅데이터가 보완적으로 결합될 경우 긍정적인 성과를 얻을 수 있을 것이다. 무엇보다도 전염병 발병 등 국가 재난상황을 대비한 국가방역체계 수립에 있어 인공지능과 빅데이터를 적극 활용하는 것은 방역체계 성능을 고도화하고 국민 안전을 도모하는 데 크게 기여할 것으로 기대된다. 미래에 발생 가능한 또 다른 유형의 전염병에 대비하여 인공지능과 빅데이터를 적극 활용한 사전 관리 및 대응 체계를 수립하는 것은 또 다른 우리의 과제가 될 것이다.[76]

일자리 습격, 자동화 그리고 AI 로봇

코로나 충격은 경제, 사회, 문화, 정치 등 모든 분야에 걸쳐져 있다. 무엇보다도 일자리 문제에 심각한 타격을 주고 있다. 이는 기업들의 위축으로 인한 수익감소와도 연결되어 있다. 실제로 코로나19로 인한 경제위기 상황은 기업경영에 직접적 타격을 주는 상황이다.

한국경영자총협회가 2020년 5월에 발표한 바에 따르면 코로나19로 피해를 입은 기업 223개사(응답 기업 기준)를 대상으로 〈코로나19 사태 관련 기업 인식 및 현황 조사〉를 실시한 결과, 응답 기업들은 코로나19 사태로 인한 경제적 충격을 IMF 외환위기, 글로벌 금융위기 때보다 약 30% 정도 더 크게 체감하는 것으로 나타났다.

우리나라가 겪은 총 3번의 경제위기에 대한 충격 체감도를 조사한 결과, 응답 기업들의 충격 체감도(평균치)는 글로벌 금융위기를 100으로 볼 때 IMF 외환위기는 104.6, 코로나19 사태는 134.4로 집계되었다. 즉 지금의 코로나19 사태로 인한 경제적 충격을 글로벌 금융위기보다는 34.4%, IMF 외환위기보다 30% 크게 느끼는 것으로 조사됐다. 기업들의 이런 위기국면은 고용동향에도 악화된 수치로 나타나기 시작했다. 2020년 4월 고용동향을 보면 고용 상황 악화는 전방위적으로 심화하는 흐름이다.[77]

무엇보다도 가장 극심하게 구직난을 겪는 계층은 한 번도 취업을 해보지 않은 청년층이라는 것이다. 통계청의 조사에서도 청년층 경제활동 참가율과 고용률은 하락한 반면, 취업시험을 준비하는 청년층은 2006년 관련 통계 작성 이래 가장 많았던 것으로 분석되고 있다. 코로나19로 인한 사회적 거리두기로 구직활동에 제약이 생기면서 비경제활동인구에서 취업준비를 하거나 그냥 쉬게 되는 경향이 높아진 것이 그 원인이다. 낙타가 바늘구멍 통과하는 것에 비유되던 구직시장에 코로나19라는 악재가 첨가되면서 청년층에게는 더욱 절망적인 상황이 되는 것이다.

코로나19 사태와 함께 4차 산업혁명 시대의 도래는 인간 일자리 부족에 대한 심각한 경고도 함께 가져오는 상황이다. 4차 산업혁명의 도래로 일자리 수가 감소될 것이라는 전망이 높다. 세계경제포럼에서는 2016년 〈일자리의 미래〉라는 보고서를 발간했는데, 세계 고용의 65%를 차지하고 있는 주요 15개 국가에서 2020년까지 향후 5년간 710만 개가 넘는 일자리가 없어질 수 있고 200만 개의 일자리가 새롭게 생겨나더라도 결국은 500여만 개의 일자리가 없어질 것으로 예측하고 있다. 제조 및 생산 분야뿐만 아니라 소위 좋은 직업이라고 일컬어지는 의사, 변호사, 회계사, 약사 같은 고도의 기술이 필요한 전문직군도 AI 혹은 AI가 탑재된 로봇 등에게 역할론을 빼앗길 수 있다는 예측도 심심치 않게 제기되고 있다. 예컨대, 베테랑 펀드매니저들도 AI 기반의 펀드 프로그램에게 수익률에서 뒤진다는 결과들이 언론에 보도되기도 한다.

코로나19 사태로 비대면 문화가 활성화되고, 사회적 거리두기가 중요한 감염 예방의 원칙이 되면서 인간이 할 일을 일부 혹은 완전하게 대체할 수 있는 인공지능과 로봇의 역습이 시작되었다고 볼 수 있다. 현재 세계 각국은 코로나19 확산으로 인간이 중심이 되는 서비스 산업이 당분간 크게 위축되겠지만, 장기적으로는 로봇과 AI 등을 활용한 인력 절감 기술과 비대면 서비스 수요를 더 촉진하는 계기가 될 것으로 관측되고 있다. 무엇보다도 코로나19와 같이 대규모 전염병 사태에서 사람들이 병원체에 노출될 수 있는 확률을 획기적으로 줄일 수 있다는 것이 AI 그리고 로봇산업이 발전할 수 있는 중요한 원인으로 볼 수 있다.

최근 비대면(언택트)과 온라인을 통한 소통(온택트) 문화가 확산되는 추세에 발맞춰 그 메신저로서 서비스 로봇들이 주목받고 있다. 특히 보건복지 분야와 접객 서비스, 물류배송 서비스 분야를 중심으로 서비스 로봇 시장의 3차 빅뱅이 진행되는 상황이다. 그중 보건 분야 서비스 로봇은 코로나19 사태를 계기로 개발 · 도입 붐을 타고 있다. 코로나19 감염자와의 접촉을 최소화하면서 검역과 방역 · 치료를 해야 하는 업무 수요가 늘자 우리나라와 미국 · 중국 등에서 해당 업무에 로봇을 투입하기로 한 것이다.[78]

이미 의료현장에서는 코로나와 같은 대규모 전염병 사태 시, 병원체 노출을 최소화할 수 있는 방법으로 로봇에 주목하고 있다. 국내의 경우 안내 로봇과 운송 로봇 등이 의료기관을 중심으로 도

코로나 사태로 인한 언택트, 온택트 문화의 확산은 인간의 일을 대체할 수 있는 AI 로봇의 역할을 더욱 강력하게 요구하고 있다. ©unsplash

입·운영 중인데, 실제로 서울대병원은 병원 방문객의 체온 측정과 호흡기 문진을 확인하는 안내 로봇을 도입했다. 방문객은 로봇에 설치된 열화상 카메라를 통해 자동으로 열을 측정할 수 있다. 그전에는 직원들이 일일이 대면 문진을 통해 방문객을 확인하는 절차를 로봇이 대체한 것이다.[79]

코로나 사태로 인한 로봇 시장의 성장은 바로 대면으로 인한 사람들의 공포심도 큰 몫을 하였다. 우리 인류가 로봇을 쓰고 있는 근본적 이유는 인간을 대신해 일을 시키기 위해서다. 첫째는 좀 더 빨리 일을 하는 것이고, 둘째는 힘든 일을 대신하는 것이며, 셋째는 위험한 일을 대신하는 것이다. 로봇은 사람과 달리 휴식 시간 없이 일할 수 있는 장점이 있다. 식사, 수면, 휴식 시간이 필요 없기 때문에 생산량을 맞추기 위한 제조공정에서 많이 활용되어 왔다. 시급한 대응이 필요한 코로나19 같은 심각한 사태에서는 로봇을 활용할 기회가 더욱 증가하게 되는 것이다. 접촉을 통한 감염 위험이 큰 전염병 대응, 대면 서비스에서는 로봇의 필요성이 더욱 커지게 된다.

실제로 코로나19 대유행으로 자택에서 제품 및 서비스를 손쉽게 주문하고 받아 볼 수 있도록 지원하는 로봇 기반의 식료품 배달 서비스가 호황을 누리고 있다. 예컨대, 미국의 스타트업 스타십 테크놀로지Starship Technologies는 미국 버지니아 주 페어팩스 시티에서 지역 내 사람들이 배달원과 접촉 없이 최대 20파운드(약 9kg)까지 원하는 상품을 배송하는 로봇 식품 배달 서비스를 시작하였다. 사용방법은 먼저 사용자가 스타십 푸드 딜리버리Starship Food Delivery의 어플리케이션을 통해 서비스에 접속한 후 원하는 제품을 고르고 배송을 원하는 주소를 설정한다. 이후 로봇은 설정된 배송지로 제품을 배달하고, 도착 알림을 받은 사용자는 로봇을 만나서 잠금을 해제하는 과정을 통해 배달 과정이 종료된다.

또한, 실리콘밸리의 로봇 자율주행업체 '누로Nuro'는 캘리포니아 주정부로부터 자율주행 허가를 받아서 배송업무를 시작했는데, 누로의 장점은 시속 40km로 달릴 수 있고 190kg까지 무거운 짐도 배송 가능해 다양한 배달 분야에 활용될 전망이다. 비단 미국뿐만 아니라 남미에서도 배달 로봇의 활약이 두드러진 상황이다. 실제로 중남미 9개국에서 20만 개 업체와 제휴 중인 배달 서비스 스타트업 '라피'의 1~2월 매출이 전년 대비 30% 증가할 만큼, 배달 로봇의 전성시대가 시작됐다고 볼 수 있다.

이렇게 코로나19와 같은 전염병의 확산으로 비접촉식 배송에 대한 수요가 높은 상황에서 로봇 배달 서비스는 지역상권 활성화와 주민 수요 충족을 동시에 만족시키는 기술로 다음과 같은 장점이 존재한다.

첫째, 사용자 측면에서는 모바일 앱을 통한 주문 후 5~30분 내 빠른 배송이 가능하다. 또한, 전용 모바일 앱을 통한 실시간 배송 모니터링이 가능하다는 장점이 있다.

둘째, 사업자 측면에서는 물품을 중심 거점인 허브에 집중시킨 뒤 최종 배송지점으로 재분류해 배송하는 방식으로 저렴하게 온디맨드 서비스 제공이 가능하다. 기존의 대면 배송 방식 대비 10~15배가량의 비용 절감이 가능하다. 또한, 드론을 이용한 배송 대비 적은 비용으로 서비스가 가능하며, 규제 조건도 드론 대비 양호하다는 강점을 갖는다.[80]

보다 직접적으로 코로나19 확산 방지를 위한 소독용 로봇들도 활용되고 있다. 블루오션로보틱스Blue Ocean Robotics(덴마크)의 UVD 로봇은 자외선UV-C을 이용해 유해 미생물을 죽인다. 환자실과 수술실을 돌아다니는데 안전상의 이유로 사람이 방에 들어오면 자동으로 UV-C 조명을 해제한다. 중국의 병원들은 한꺼번에 해당 제품을 2,000대 주문했다.

국내에서도 경기테크노파크 입주 기업인 '유버'에서 신종 바이러스로 분류된 코로나 바이러스균에 대한 살균력이 5분 내에 99.99% 제거된다는 공식 살균데이터를 확보한 'UV LED 살균 로봇'을 2020년 초에 개발 · 출시한 바 있다. 유버의 살균 로봇은 화학약품을 전혀 사용하지 않고 인체에 무해한 자외선을 이용해 빛으로 안전하게 살균할 수 있는 효과적인 방식이다. 인공지능을 탑재한 우수한 성능의 로봇이 코로나19와 관련하여 직간접적으로 큰 조력을 주고 있는 것이 현실이다.

그렇다면 인간의 일자리에 대한 위협은 없을까?

코로나19 사태로 인해서 배달수요가 증가하고 있지만, 만일 소비자들이 대면 접촉을 꺼린다면 배달 로봇이 라이더들의 일자리를 위협하는 요소가 될 수도 있다. 실제로 야외에서 배달하는 자율주행 배달 로봇 서비스가 활성화된다면, 오토바이를 이용해 배달하는 라이더와 도보, 자전거, 전동킥보드 등을 통해 근거리를 배달하는 라이더들의 일거리가 줄어들 수 있다는 우려가 제기된다. 물론, 격무에 지친 노동자들을 조력할 수 있다는 장점도 있다. 예컨대, 과중한 업무에 시달리는 집배원들을 보조하는 배달 로봇이 한 조가 되어 움직인다면 무거운 우편물을 들고 다녀야 하는 수고를 상당 부분 나눌 수도 있을 것이다.

계단을 오르내릴 수 있는 로봇은 과중한 관절의 무리도 덜 수 있다. 실제로 최근 계단을 오르는 배달 로봇도 등장했다. 아파트 현관 앞까지 물품을 배달한다. 애니보틱스Anybotics가 콘티넨털Continental과 협력해 개발한 강아지 모양의 배달 로봇이 그중 하나다. 국내에도 충분히 도입 가능하다.

옥스퍼드대학 연구진에 따르면 전체 노동자의 47%는 자동화로 인해 직업을 잃을 가능성에 처해 있다. 호주 통계청ABS은 상거래 분야의 노동자(86.6%), 기계 운전자(79.6%), 사무직 및 행정직 종사자(79.3%)가 영향을 받을 것으로 예상하고 있다. 맥킨지 보고서는 기계로 완전히 대체될 일자리는 그리 높은 비율이 아니라면서도 대다수 직무가 자동화에 의해 대체될 수 있음은 부인할 수 없다고 지적했다. 그리고 이로 인해 소프트 기술에 대한 고용주들의 기대와 수요가 증가할 것이라는 전망이다. 인공지능이 발전하면서 이러한 경향은 더욱 가속화될 것으로 보인다.[81]

인간 노동자들에게 긍정적인 시그널보다는 부정적인 시그널을 보다 많이 준다는 진단이 많다. 인공지능이 인간의 두뇌를 따라잡는 속도가 빠르고, 육체노동을 대신할 로봇이 뛰고, 걷고, 계단을 오르는 등 과거에는 불가능했던 퍼포먼스가 가능하기 때문이다. 인공지능이 탑재된 로봇은 더 말할 나위가 없을 것이다.

다만, 우리가 생각하는 것보다 인간노동의 미래가 그토록 황폐하고 황량하지는 않다는 주장도 있다. 기계학습 전문가 마뉴엘라 베로소Manuela Veloso 카네기멜론대학 교수는 인간과 인공지능 시스템은 끊임없이 정보와 목표를 교환해야 한다고 이야기하고 있다. 미래는 기계와 인간이 '공생적 자율성Symbiotic Autonomy'을 유지하는 사회로 바뀌게 된다는 것이다. 즉 인간이 AI 그리고 로봇을 활용하면 지금까지 인간이 취급하지 못했던 영역의 일도 시도해볼 힘이 생기

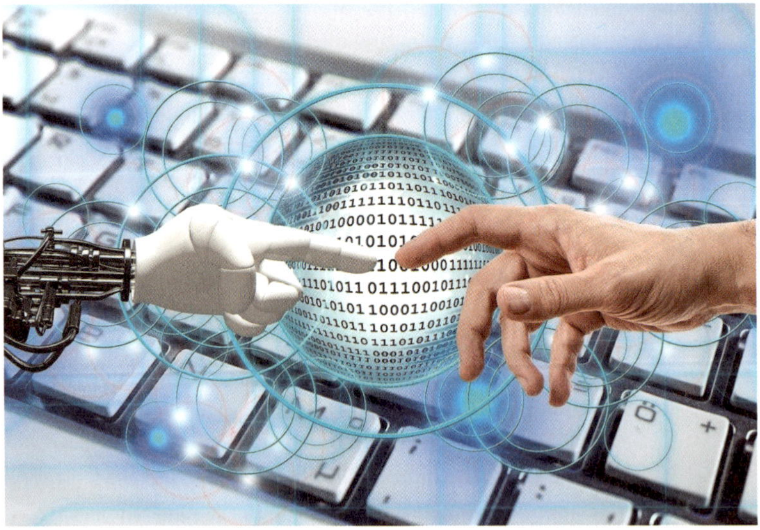

코로나 팬데믹으로 인간의 일자리가 줄어들고 위축될 수 있겠지만 결국에는 AI · 로봇과의 공생적 관계를 통해 이를 극복할 수 있을 것이다. ⓒPixabay

고, 기존의 복잡한 문제들도 해결될 가능성이 높다는 것이다. 그야말로 공생의 필요성에 대한 지적이다.

일자리는 늘 기술발전에 따라 명멸해 왔다. 특히 언택트 시대에는 더욱 그 명멸 속도가 빠를 것이다. 하지만 중요한 가치는 인공지능이든 로봇이든 인간의 노동력을 완전하게 대체할 수 없다는 것이다. 앞서 논의했듯이 일자리에 대한 공생의 가치를 생각하며, 테크놀로지와 조화, 균형을 고민해야 할 때이다.

05.

정치 · 행정 · 외교 분야의 전환과 과제

세계보건기구의 역할에 대한 비판

세계보건기구WHO는 코로나19 사태를 역대 최악의 국제적 공중보건 비상사태라고 규정했다. 테드로스 아드하놈 게브레예수스Tedros Adhanom Ghebreyesus 사무총장은 WHO가 국제적 공중보건 비상사태를 총 6차례 선언한 바 있는데, 이번 코로나19 사태가 가장 심각하다고 강조하였다. 그동안 WHO는 코로나19 이전에 두 차례의 에볼라바이러스Ebola Virus, 지카바이러스Zika Virus와 폴리오바이러스Polio Virus, 그리고 돼지독감Swine Influenza 유행까지 총 5번의 국제적 공중보건 비상사태인 '팬데믹Pandemic'을 선포했었다.

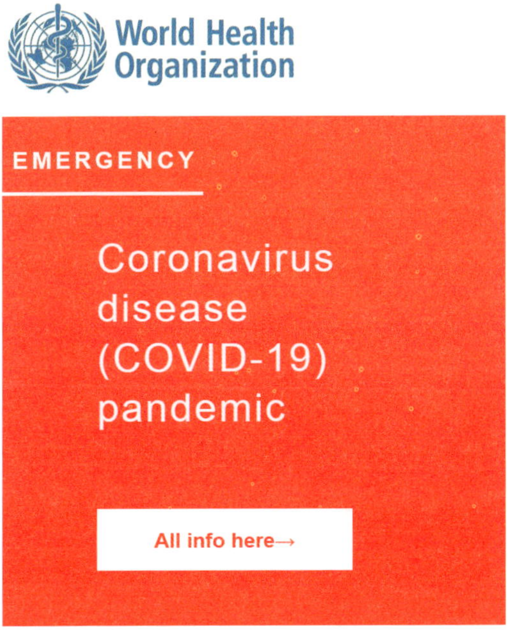

강대국에 휘둘리는 WHO와 사무총장, 국제기구의 역할에 의구심을 갖게 했다. ©Pixabay

국지적 유행병이 세계적으로 두 장소 이상에서 동시에 나타나면 팬데믹으로 정의한다. 팬데믹 선포는 단순히 감염자 수가 증가했다는 사실이나 앞으로 더 증가할 것이라는 예측을 알려주는 것 이상의 의미를 갖는다. 국제정치와 외교뿐 아니라 경제적인 파생효과가 크기 때문에 감염자 수가 증가하는 사실만 고려해 선포할 수 있는 사안이 아니다. 팬데믹 선포는 초강대국들의 정치적, 경제적 이익 등과 관련되기 때문에 정치외교적인 협상과정이 반드시 필요하다는 점에서 그 발표 여부와 시기를 결정하는 데 있어 어려움이 따른다.

2020년 3월 스위스 제네바의 WHO 본부에서 사무총장인 게브레예수스는 언론 브리핑을 통해 코로나19에 대한 세계적 대유행인 펜데믹을 선언하였다. 하지만 중국의 눈치를 보느라 코로나19의 확산 초기 늦장 대응으로 펜데믹 선언이 늦어졌다는 거센 비판을 받아야만 했고, 이후에도 바이러스 확산을 막을 수 있는 중요한 고비때마다 오락가락하는 태도를 보여 코로나19 확산을 키웠다는 비판을 받기도 하였다. 게브레예수스 사무총장은 코로나19가 전 세계적으로 확산될 기미를 보이고 있음에도 불구하고 팬데믹 선언은 시기상조라 밝혔고, 세계 과학계가 코로나19의 공기 감염을 지속적으로 경고하고 있음에도 불구하고, '사람 간 전파의 위험성은 근거 없다'는 중국의 주장을 두둔하는가 하면 환자나 의료진만 마스크를 착용하라든지 혹은 무증상 감염은 매우 드문 일이라고 발표했다가 그 다음 날 무증상 감염에 의한 전파가 이루어지고 있다고 말을 바꾸는 등의 이해할 수 없는 태도를 보이기도 하였다.[82]

2020년 1월 30일 선포한 에피데믹Epidemic도 시기적으로 매우 늦은 감이 있었다. 선포할 당시 이미 코로나19 감염자 수는 사스SARS

때보다 많았던 것으로 알려졌었다.[83] 에피데믹은 팬데믹 전 단계로 팬데믹이 전 세계적으로 감염병이 크게 유행하는 현상을 가리킨다면, 에피데믹은 많은 사람들 사이에서 감염병이 빠르게 유행되는 현상을 의미한다. 팬데믹이 선언되면 국가 간 여행이나 교역이 제한되기 때문에 실물시장이나 주식, 선물시장이 위험 수준에 진입하고, 그 여파는 전 세계의 경제에 심각한 타격을 초래한다.

이에 팬데믹은 감염병 위험성 측면에서 상징하는 의미가 매우 크고 에피데믹보다 훨씬 더 큰 파급효과를 유발한다. 게브레예수스 사무총장은 팬데믹을 잘못 선언할 경우에 전 세계적으로 비이성적인 공포와 불안을 불러올 수 있고, 세계 경제에 미치는 파급력이 크기 때문에 신중하게 결정할 수밖에 없었다고 주장하며, 중국의 눈치를 보느라 팬데믹 선언이 늦어졌다는 일부의 주장은 잘못된 것임을 강변하였다. 하지만 게브레예수스 사무총장은 2020년 2월 중국에서 코로나19 환자가 폭발적으로 증가하고 있을 때 중국 감싸기로 일관하였고, 중국의 노력이 아니었으면 다른 나라에 코로나 환자가 많아졌을 것이라고 주장해 많은 나라들로부터 비웃음을 사기도 하였다. 에티오피아 출신으로 2017년 중국의 도움으로 WHO 수장에 오른 것도 게브레예수스 사무총장이 중국 편향적이라는 의심을 사는 이유이기도 하다.

게브레예수스 사무총장은 국가와 세계 차원에서 긴밀한 협력과 연대가 없으면 바이러스 확산 속도를 통제할 수 없고, 더욱 빠르게 확산될 것이라고 강조하면서 모두가 일치단결해 코로나19에 맞서야 한다고 경고하고, 코로나19를 정치화하지 말라고 촉구하였다. 그러나 2009년 신종플루가 전 세계적으로 3만 명 이상 발생했을 때 팬데믹이 선언된 것과 비교해보면 뒷북 대응이라는 비판에서 벗어나기 힘들다. 이번 코로나19의 전 세계 확산과 WHO의 코로나19에 대한 일련의 대응, 그리고 게브레예수스 사무총장의 코로나19와 관련된 일련의 의혹들은 WHO의 역할에 대한 재평가와 더불어 강대국의 국제기구에 대한 통제와 영향력 행사에 대한 문제를 새롭게 부각시킨 계기가 되고 있다.

팬데믹 상황, 전문가가 주도하는 국가통제의 효율성

바이러스, 눈에 보이지 않는 이 단순한 생명체는 인간이나 동물과 같은 숙주에 기생하지 않고서는 생존할 수 없는 존재로, 우리의 신체는 이러한 바이러스에 대항하도록 진화해왔다. 두창, 수두, 풍진, 에이즈, 에볼라 같은 질병은 모두 바이러스에 의해 일어나는 질병이다.

코로나바이러스도 마찬가지다. 코로나바이러스는 2002년 전 세계를 공포 상황으로 몰아넣은 사스와 2015년 한국 전체를 멈추게 했던 메르스를 일으킨 바이러스의 변형이다. 그동안 바이러스는 인류에게 있어서 항상 공포의 대상이면서 반드시 박멸해야 하는 인류의 적敵이었다. 코로나19와 같은 감염병이 발생할 때마다 봉쇄와 통제를 통한 확산저지를 최선의 방책으로 삼아왔고, 백신 개발을 통한 완전한 방역, 이른바 바이러스 정복을 꿈꿔왔다. 바이러스가 등장하고 확산되는 과정에서 모든 권력의 정점은 정부가 아닌 전문가에게로 향한다. 바이러스 확산을 저지하기 위한 사회 통제와 완전한 바이러스 종식을 위한 백신 개발, 바이러스 확산으로 인한 사회불안 요소마저도 최소화해야 하는 상황이므로 심리방역도 전문가의 몫이다. 사실상 바이러스가 완전하게 종식되기 전까지는 모든 것을 전문가에 의존할 수밖에 없는 셈이다.

우리 정부는 코로나19 종식을 위한 모든 권한을 질병관리본부에 이관하였고, 질병관리본부를 중심으로 지역과 권역별 방역망을 구축하였다. 일련의 예기치 못했던 상황들에 의한 코로나19 확산 및 재확산 통제에 성공하여 세계로부터 'K-방역'이라는 이름으로 높은 평가를 받았다. 우리나라는 과거 신종플루나 메르스 등의 확산을 경험하면서 질병관리본부를 중심으로 한 다양한 시나리오를 구축하여 새롭게 나타날지도 모르는 바이러스 방역을 위한 대응체계를 구축해 왔다. 이러한 선제적 대응은 코로나19에 대한 성공적 통제로 이어지고 있다.

여기서 우리는 질병관리본부를 포함한 의료 및 보건 등의 전문가 집단에 주목할 필요가 있다. 이들 전문가 집단은 코로나19로 인한 사회적, 경제적 기능의 약화가 최소화될 수 있도록 사회적 거리두기나 마스크 쓰기, 올바르게 손 씻기 등의 관련 정보 제공뿐 아니라 스스로 외출을 제한하거나 자가격리에 들어간 시민들의 신체적, 심리적 건강 문제를 해소할 수 있는 대안들을 마련하여 국민이 평정심을 잃지 않고 효과적으로 대처할 수 있도록 많은 노력을 기울여왔다. 코로나19와 같은 바이러스 통제의 핵심은 확산 저지로부터 시작되기 때문이다.

한국 사회 방역체계의 핵심 역시 코로나19의 확산을 저지하는 것에 있다. 이 같은 대응정책 수립과 시행은 질병관리본부의 제안과 요구에 의해 이루어진 것이다. 이번 코로나19와 같이 팬데믹 선언은 WHO에 의해 이루어졌다. WHO는 우리나라의 질병관리본부에 해당되는 세계 총괄기구로, 이들 역시 전문가들로 구성된다. 이것만 봐도 전문가들이 코로나19 확산과 같은 상황에서 얼마나 커다란 영향력을 발휘하는지를 짐작케 한다.

미국은 중국이 코로나19 발병 건수와 사망자 수를 실제보다 적게 보고하거나 무증상자 환자 수를 제외하는 등 주요 상황을 은폐한 것으로 결론 내렸다. 세계적으로, 심지어는 중국 내에서도 코로나19 관련 통계에 대한 의문이 지속적으로 제기되어 왔다. 또한, 브라질 대학교와 연구기관들의 연구자들로 이루어진 단체인 보건경영지식센터는 브라질 정부가 발표하는 코로나19 확진자 수 통계보다 12배 많은 감염자가 있을 가능성이 높다고 지적하였다. 이들은 정부가 코로나19에 감염된 사람들 중 8%만 파악하고 있을 것으로 추정했고, 정부의 방역망에 포착되지 않은 나머지 92%의 환자들이 브라질 곳곳에서 바이러스를 퍼뜨리면서 돌아다니고 있다고 주장하였다. 그동안 자이르 보우소나르Jair Messias Bolsonaro 브라질 대통령은 코로나19를 '약한 독감'에 비유하며 위험성을 일축해왔으나, 브라질 보건장관을 포함한 전염병 관련 연구자들은 브라질 정부의 사망자 수 통계는 엄청나게 축소된 것이라고 비판하였다.[84]

일본 역시 정부가 발표하는 코로나19 감염자 통계도 실제 규모의 극히 일부만 반영되었을 가능성이 있다고 미국 CNN방송이 보도한 바 있다. 2020년 3월 4일(도쿄 현지시간) 기준 일본의 코로나19 확진자는 1,023명(크루즈선 확진자 706명 포함)으로, 전날인 3월 3일보다 33명이 늘었다. 당시 일본의 일일 신규 확진자 수는 약 30여 명으로 하루 수백 명씩 확진자가 늘어나는 한국과 전혀 다른 양상을 보였다. 일본은 도쿄올림픽 개최를 위해 코로나19 검사량 자체가 매우 적었고, 한국이 하루에 수만 명을 검사하는 사이에 일본의 일일 검사 역량은 약 3,000명 수준에 불과하였다. 일본의 비영

리단체인 의료거버넌스연구소는 일본에 확진 판정을 받지 않은 감염자들이 정부가 발표한 확진자보다 훨씬 더 많이 있다고 추정했으며, 일본 홋카이도대학의 역학자로 일본 정부의 바이러스 확산 시뮬레이션 모델 구축에도 참여한 니시우라 히로시西浦博 교수는 일본의 코로나19 감염자가 공식 통계의 약 10배 수준일 것이라고 예측하기도 하였다.[85] 이같이 코로나19 발병자 수나 사망자 수와 관련된 통계조작 의혹은 비단 중국이나 브라질, 일본만의 문제는 아니며 미국과 러시아, 이란, 북한, 인도, 베트남 등에서도 의혹이 제기되었다.

이 같은 근거는 어디에서 나온 것일까? 브라질 연구자들은 브라질의 치명률과 WHO 자료의 치명률을 비교 분석한 결과, 브라질의 치명률이 훨씬 높다는 사실을 발견하였다. 브라질 상파울루에 위치한 펠로타스 연방대학 연구팀은 2020년 5월 14일부터 5월 26일까지 1차로 2만5,025명에 대해 인터뷰와 코로나19 검사를 진행하였고, 2차로 6월 4일부터 6월 7일까지 3만1,165건의 인터뷰와 코로나19 검사를 실시했다. 이후 두 시기의 조사 결과를 비교한 결과, 브라질 내 주요 도시 83곳에서의 코로나19 감염률은 1차 확산기인 5월 1.7%에서 2차 확산기인 6월 2.6%로 뛰었다. 약 2주 만에 감염률이 53% 급증한 셈이다.[86] 이를 토대로 브라질 연구진들은 정부의 공식 집계에 포함되지 않은 코로나19 감염자가 훨씬 더 많을 가능성이 높다는 결론을 내렸다. 이것이 가능한 이유는 과거부터 이루어진 다양한 바이러스의 확산과 그에 따른 발병 건수, 사망률 등의 자료가 축적되면서 기본 패턴을 분석할 수 있는 역량이 확대되었기 때문이다. 정부의 영역이 아니라 질병관리본부와 같은 감염병 관련 전문가들의 영역인 셈이다. 결국, 코로나19와 같은 감염병의

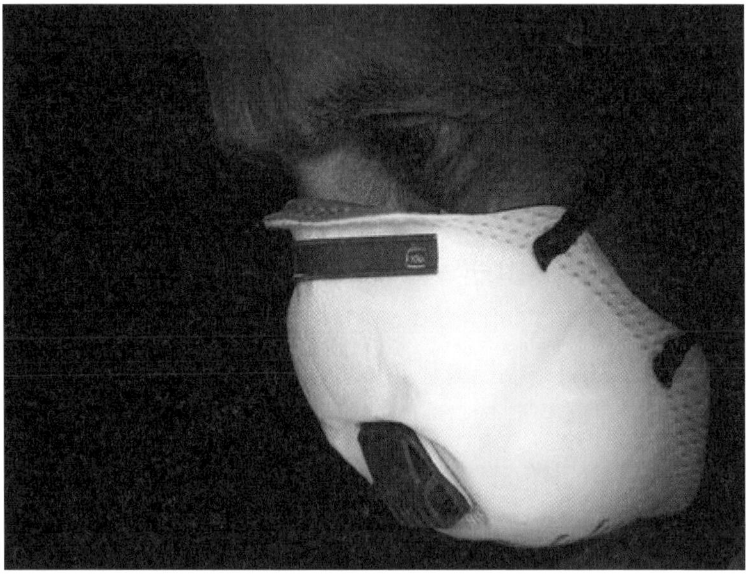

코로나19와 같은 감염병 통제와 대책 수립은 전문가 영역이다. 전문가의 집단지성은 효과적인 감염병 통제로 이어진다. ©Pixabay

효과적인 통제는 전문가의 집단지성을 통해 이루어져야 할 필요가 있음을 보여준다.

일본은 우리나라의 질병관리본부와 같은 후생노동성 산하의 국립감염증연구소가 있으나, 국립감염증연구소는 연구 중심일 뿐 질병관리본부와 같은 감염병 대책 수립과 실행을 위한 권한이 없다. 이에 일본의 코로나19 관련 모든 대응은 일본 정부 주도로 이루어졌다. 그리고 일본은 신규 확진자가 하루에만 천 명 단위로 발생하는 상황이 되었다. 일본의 코로나19 신규 확진자 급증은 감염병 대응과 관련하여 비전문가가 주도했을 때 어떤 문제가 야기되는지를 여실하게 보여준다. 코로나19와 같은 감염병 대응에 있어 전문가 집단의 역할이 얼마나 중요한지를 시사한다.

정부와 지자체의 방역 협력 거버넌스

국내에서 코로나19와 관련하여 여러 번의 위기가 있었다. 대구 신천지 교회, 이태원 클럽 집단 발생 등이 그것이다. 코로나19의 전국적 확산으로 의료 및 방역 당국과 인력의 피로도는 상당히 높았다. 이에 국내의 의료 및 방역 체계, 사회 시스템이 코로나19 감염 확산을 감당할 수 없을지도 모른다는 우려가 사회 곳곳에서 제기되었다. 하지만 철저한 감염관리와 방역 조치를 통해 고위험군을 적극적으로 보호하고, 선별검사와 접촉자 조사 및 격리 등을 통해 성공적인 방역을 이루어냈다. 정부와 지자체, 보건의료인, 국민들의 협력과 연대를 통한 효율적인 의료대응체계 구축과 지속적이고 단계적인 사회적 거리두기를 통해 일상과 방역의 균형을 이끌어낸 결과이기도 하다. 특히, 정부와 지자체의 경우에 임시생활시설과 생활치료센터를 운영하는 과정에서 여러 지자체의 적극적인 협조와 자발적 참여가 있었고, 실시간으로 코로나19 상황을 공유하고 문제 해결 방안을 적극적으로 찾아내 공동 대응함으로써 민간의 적극적인 지지와 협력을 이끌어냈다. 정부와 지자체의 협력 거버넌스가 중요한 원동력이었던 셈이다.

반년 넘게 계속되는 코로나19로 인해 사람들이 점차 지쳐가고 있는 상황에서 정부와 지방자치단체 등은 코로나 블루로 인한 심리적 불안정을 없애기 위해 다양한 노력을 펼치기도 하였다. 지방정부들은 저마다 차별화된 대책을 시행해 시민들의 호응을 얻기도 하였다. 예를 들면, '재난기본소득' 개념인 '재난생계소득'의 경우도 기초단체에서 처음으로 현실화되어 정부보다 빠르게 실현되었고, 정부 발표만으로는 부족한 시민들의 궁금증을 해결해주거나 불안감을 해소하기 위해 일부 지자체에서는 매주 시장이 SNS를 통해 코로나19 생중계 시민 브리핑을 진행하기도 하였다. 또한, 확진자 이동경로를 공개하는 부분에 있어서 일부 시민들의 반발을 우려해 시장이 적극적으로 나서서 양해를 구하는 등 시민들의 다양한 요구와 궁금증을 해소하는 데 많은 노력을 기울였다. 또 다른 지자체에서는 코로나 블루로 고생하는 시민들을 위해 정신건강 상담이나 심리지원센터를 통해 심리지원을 펼치기도 하였으며, 사회적 거리두기가 심각 단계로 격상된 시기에는 온라인 심리방역센터를 개설하기도 하였다. 뿐만 아니라 코로나 블루를 이겨내기 위해 심리전문가들의 자문을 얻어 공원이나 문화시설 대단지 등에서 클래식이나 재즈 등의 음악을 틀어주기도 하였고, 일부 지자체에서는 현장 소독과 사회적 거리두기 등의 방역 대책을 실시하여 공원 속 음악회를 개최하고 구청의 페이스북을 통해 라이브로 방송함으로써 주민들의 긍정적인 호응을 이끌어내기도 하였다. 한편, 노년층이 많은 지자체의 경우에는 복지회관, 경로당 등의 잇따른 운영 중단으로 코로나 블루 징후를 보이는 어르신들을 위해 보건소를 통한 심리상담 서비스를 진행하기도 하였다. 이처럼 많은 지자체들은 중앙정부와는 별도로 코로나19로 지친 시민들의 심리적 안정을 도모하기 위해 다양한 문화예술 프로그램을 적극 활용하였다. 중앙정부와 지자체의 코로나 블루 극복을 위한 노력은 전체 사회적으로 바람직한 현상으로 포스트 코로나 이후의 국가균형발전을 이끌어내는 원동력이 된다.

정부와 지자체의 협력과 연대는 코로나19와 같은 상황에서 감염병 통제와 확산을 저지할 수 있는 강력한 힘이 된다. 반대로 정부와 지자체의 불협화음과 이견은 감염병을 확산시키는 요인이 된다.

일례로, 일본에서 코로나19 대응을 놓고 중앙정부와 지방자치단체 간의 엇박자가 다수 나타났다. 수도 도쿄도 당국이 코로나19 확진자 급증세에 따라 추가 방역대책 마련에 나선 상황에서 중앙정부는 코로나19로 위축된 경기를 살리겠다고 국내 관광 등 소비 활성화를 위한 이른바 '고투GoTo' 캠페인을 실시했다. 일본 내 코로나19 확산이 심상치 않은 가운데 일부 지자체장과 야당 의원들은 예정대로 고투 캠페인을 전개할 경우 다른 지역에서도 코로나19 확진자가 무더기로 발생할 수 있다는 이유로 중단을 요구하였으나, 일본 중앙정부는 고투 캠페인을 그대로 진행하였다. 그 결과로 일본에서는 2020년 8월 현재 하루에만 확진자가 1,000명 이상씩 발생했다.

정부와 지자체 간의 불협화음은 감염병에 대한 적절한 대응을 불가능하게 만든다. 정부기관이나 지자체의 개별적인 역할만으로는 부족하고, 협력과 소통을 통한 지역 역량 강화로 공동 대응해야 하는 것이다. 상황의 심각성에 따라 정부와 지자체, 지자체 내, 지자

코로나19의 효과적 통제 밑바탕에는 협력 거버넌스가 존재한다. 신뢰에 바탕을 둔 협력 거버넌스는 코로나19에 대처하는 가장 현명한 자세일 것이다. ©Pixabay

체 간 협력 수준과 강도 변경이 필요하고 지역 간 협력하는 방향으로 패러다임을 바꾸지 않으면 팬데믹을 헤쳐 나가기 어렵다. 장기전이 필요한 상황에서 거버넌스가 제대로 작동하는 대응체계를 구축할 필요가 있는 것이다. 그동안 우리나라는 코로나19 대응과정에서 드라이브 스루 방식 도입, 재난지원금 지급, 착한 임대료 운동 등 다양한 대응정책을 전개해왔다. 이 과정에서 중앙정부와 지방정부의 신속하고 체계적인 협력은 코로나19 대응정책이 성공적으로 이루어지는 데 많은 밑거름이 되었다.

코로나 이후 넥스트 노멀 시대에는 중앙정부와 지방정부, 시민, 기업 등의 상호 협력이 더욱 중요해질 것이다. 한편으로는 포스트 코로나 시대의 지역경제 활성화 방안, 코로나의 장기화를 대비하여 사각지대에 놓여 있는 사회·경제적 약자에 대한 대책 마련과 지방재정의 적극적 운용여건 마련 등은 포스트 코로나를 위한 지방의 재발견이라고 할 정도로 그 역할의 중요성이 재확인되었다. 그 과정에서 중앙정부와의 적극적인 협력과 지원은 필수적이다. 결국, 정부와 지자체, 시민사회, 기업 등으로 이루어진 네트워크 형성을 통한 거버넌스가 코로나19에 의한 팬데믹을 종결시킬 수 있는 힘이 될 것이다.

사회적 자본의 작동, 시민과 협력 그리고 피플파워

세계보건기구는 감염병 유행 시기에 위기소통(리스크 커뮤니케이션)의 첫 번째 원칙으로 '신뢰'를 꼽는다. '감염병 소통 가이드북'(2008년)을 보면, 감염병 소통이 대중과 보건당국 사이에 신뢰를 증진시키는 방향으로 이뤄져야 한다. 믿음이 없다면 보건당국이 감염병과 관련한 정보를 정확하게 제공하더라도 대중이 제공받은 정보에 따라 행동하지 않는다고 강조한다.[87]

코로나19 극복을 위해 신뢰가 중요하다는 데 이견을 제기하는 전문가는 없다. 우리는 2015년 메르스(중동호흡기증후군)를 통해 의료진의 헌신적인 노력도 중요하지만, 사회 공동체와의 적극적인 협력도 중요함을 확인하였다. 2016년 7월 보건복지부가 발간한 〈2015 메르스 백서〉는 메르스 종식의 핵심적 키Key 중의 하나를 사회적 자본인 '신뢰Trust'에 두고 있으며, 향후 메르스와 같은 신종 감염병 대응을 위해 국민에게 일관되고 신뢰성 있는 메시지 제공을 통해 위기소통 역량을 강화해야 한다고 강조하고 있다.[88]

코로나19 사태를 헤쳐 나가는 한국 사회의 신뢰 수준은 어떨까? 서울대 보건대학원 연구팀은 2020년 2월 초와 말에 설문조사를 통해 코로나19 관련 주요 기관에 대한 신뢰성을 조사하였다. 그 결과 1차 조사와 2차 조사 모두 현장에서 코로나19 방역을 담당하는 질병관리본부, 공공의료기관, 지방자치단체에 대한 국민의 신뢰가 가장 높았던 반면에 코로나19 정보를 전달하는 소통 창구인 언론에 대한 신뢰도가 가장 낮았다. 이처럼 언론에 대한 신뢰도가 추락한 이유는 국민들에게 일관된 메시지를 전달하는 데 실패하였기 때문이다. 신종 감염병이 유행하는 상황에서는 정보의 불확실성이 높기 때문에 최대한 일관되고 상세하게 모든 가능성을 설명해야 한다.[89] 정확한 지식 없이 단순히 국민의 불안감을 낮추기 위해 명확하지 않은 정보를 제공할 경우에는 당장은 국민의 불안감을 줄일 수 있다고 하더라도 시간이 지날수록 더 나쁜 상황을 초래할 수 있다. 섬세하지 못한 위험소통이 오히려 공포와 불안을 더욱 조장하는 상황으로 이어질 수 있다는 것이다.

코로나19와 같은 감염병 상황에서는 모든 것이 불확실한 상황에 놓이게 된다. 이때 전문지식이 없는 국민은 모든 것을 정보에 의존하게 된다. 이 과정에서 다소 불안감을 조장할 수 있다고 하더라도 최대한 정확한 정보를 제공하는 것이 결과적으로 국민들의 올바른 대처를 이끌어낼 수 있다. 우리는 과거 메르스 사태 때 컨트롤타워의 부재로 인해 각종 부정확한 정보와 유언비어가 난무하여 불필요한 공포가 사회적으로 확산되고 보건당국의 대응을 어렵게 만들었던 경험을 가지고 있다. 정확한 정보전달이 감염병 대응에 있어서 얼마나 중요한지를 보여준다. 결국, 국민의 올바른 대처를 이끌어내기 위해서는 정보소통 창구의 단일화와 코로나19 대응 관련 주요 기관들의 일관성 있는 대응과 관계 부처 간 공조체제 구축을 통해 일관된 메시지를 전달할 수 있어야 한다. 이것이 바로 진정한 위험소통의 기반이 된다. 올바른 위험소통은 곧 신뢰 구축으로 이어진다. 신뢰는 사회적 자본의 핵심으로, 위기를 돌파하고 극복해나가는 데 중요한 동력으로 작용한다.

코로나19가 전 세계로 확산되면서 전 세계 사람들이 불안에 떨

시민의 협력, 즉 '피플파워'는 신뢰라는 사회적 자본 속에서 강화된다. ©Pixabay

때, 미국의 심리·전염병 전문가들은 공포를 조장하는 유언비어와 소셜미디어보다 공인된 기관의 정보를 신뢰해야 한다고 권고하였다. 지구촌 주민들이 코로나19에 대해 불안감을 느끼는 것은 당연하며, 어떻게 보면 자연스러운 일이기도 하다. 이에 불안에 대처하는 가장 좋은 방법은 신뢰할 수 있는 정보에 접근하는 것이다. 그러므로 질병관리본부와 같은 공신력 있는 기관과 책임 있는 언론에서 제공하는 정보에 집중해야 한다. 미국의 심리학 전문지인 'Psychology Today'는 감염병을 부채질하는 요인으로 질병과 싸우는 게 아니라 사람을 비난하고 전염병을 막기 위해 최전선에서 어떤 노력을 하는지에 대한 관심보다 잘못 등 부정적인 것들에 초점을 맞추는 행위들을 경계해야 한다고 지적한다.90 이러한 행위들은 소셜미디어를 통해 유포되거나 확산되는 경우가 많으며, 이들 미디어들의 부정확한 정보와 유언비어를 경계해야 한다. 이러한 미디어들은 보건당국에 대한 신뢰를 떨어뜨리고, 공황 상태를 조장해 사재기와 주식 투매 등 다양한 병폐를 야기할 수 있다. 따라서 양날의 검과 같은 소셜미디어보다 보건당국이 제공하는 정확하고 투명한 정보를 자주 접하고, 불필요한 공포를 조성하는 움직임에 맞설 필요가 있다.

코로나19 극복을 위해서는 협력과 연대, 사회적 대화가 절실하다. 국난 극복의 가장 강력한 파워는 협력과 연대에서 나온다. 국민 개개인뿐 아니라 노동과 기업, 정부, 시민사회 모두가 서로 연대하고 협력하는 것이 주요 사회주체들의 코로나19 관련 간극을 좁히고 대화의 장場을 마련하여 코로나19 대응에 효과적인 사회적, 제도적 장치를 만들 수 있다. 이러한 코로나19 관련 다양한 주체들의 협력과 연대는 결국 신뢰 형성과 구축으로 진화한다. 역사적으로 커다란 위기의 극복 뒤에는 항상 새로운 변화가 뒤따른다. 그리고 신뢰라는 사회적 자본의 확산은 포스트 코로나 이후 우리 사회를 더욱 건강하고 활기찬 사회로 변화시키는 중요한 힘이 될 것이다.

코로나19와 국격, 외교의 문제

코로나19 상황에서 신뢰와 협력은 매우 중요하다. 아무리 우수한 방역체계라도 신뢰 없이는 작동하기 힘들기 때문이다. 가짜뉴스의 경우를 보더라도, 그로 인한 불신과 불안은 사회 내 과도한 공포감을 조장한다.

뉴욕타임스는 코로나19 위기와 관련해 한국이 다른 나라와는 다르게 별다른 선제적 조치 없이 성공적으로 극복한 이유를 신속한 조치와 광범위한 테스트 및 연락처 추적, 그리고 시민의 협조 등으로 분석한다. 간단하고 경제적인 방법들임에도 불구하고 다른 국가들은 한국처럼 하지 않아 결과적으로 코로나19 감염이 가속화되어 통제불능의 상태에 이르게 되었다는 지적이다. 뉴욕타임스는 코로나19와 관련하여 한국이 보여준 조처를 검토하여 4가지의 교훈을 제시하고 있는데, 다음과 같다.[91]

첫 번째 교훈은 위기로 발전하기 전에 신속히 개입한 점이다. 2020년 1월 말 첫 확진자가 발생하고 불과 일주일 후 한국 정부는 의료기기 제조업체 대표들에게 진단키트 개발을 촉구하며 긴급사용 승인을 약속했다. 한국의 확진자 수는 당시 두 자릿수에 불과했지만 2주 내 수천 개에 달하는 진단키트가 매일 출고되었다. 또한, 신천지 교회에서 시작해 확진자가 급증한 대구에 신속한 조치를 취했다. 만약 초기에 주지하지 못했다면 상황이 나빠졌을 것이다. 한국이 이렇게 준비할 수 있었던 것은 2015년 38명의 목숨을 앗아간 메르스에서 얻은 교훈 때문이다. 또한, 코로나19는 빠른 전염성 때문에 몇 명이라고 생각하는 순간 수백 수천이 될 수 있음을 주지하면서 봉쇄와 격리를 강조하는 전통적인 대응방식은 별 의미가 없고, 빠르고 신속한 조치만이 효과적인 코로나19 통제를 가능하게 하는 요소로 작용하였음을 강조하였다.

두 번째 교훈은 일찍, 자주 그리고 안전하게 검사한 점이다. 한국은 그 어떤 나라보다도 많은 수의 검사를 통해 사람들이 감염된 지 얼마 되지 않아 격리와 치료가 가능하게 했다. 30만 건이 넘는 검사를 했고, 이는 인구 1인당 검사 비율을 따졌을 때 미국보다 40배가 넘는 규모이다. 즉, 조기발견과 추가감염을 최소화하고 감염자를 빨리 치료함으로써 아주 낮은 치명률이 가능해졌다는 것이다.

세 번째 교훈은 접촉자 추적조사, 격리, 감시, 확진 판정을 받은 사람은 의료진에 의해 동선이 추적되는 점이다. 확진자와 접촉 가능성이 있는 사람들을 모두 찾아내 검사하고 필요할 경우 격리하기 위해서인데, 이런 절차를 접촉자 추적조사라고 한다. 이런 절차는 의료진이 가능성 있는 전염 네트워크를 조기에 찾아낼 수 있도록 함으로써 바이러스의 사회적 확산을 막는 데 효과적이다. 또한, 전염병 위기가 발생했을 때는 개인의 사생활보다 사회의 안전을 더 우선할 수 있도록 법을 개정함으로써 휴대폰을 통한 확진자의 이동동선 파악, 확진자와 동선이 겹치는 사람들에 대한 검사 독려 등이 사생활 침해 논란에도 불구하고 전 세계에서 가장 낮은 사망률과 우수한 방역을 가능하게 했다는 것이다.

네 번째 교훈은 무엇보다 중요한 대중의 협조라는 점이다. 한국 정부는 코로나19의 발병을 진정시키기 위해 정보 공개와 협조 요청이 중요하다는 결론을 내리고 TV방송, 지하철역 안내방송, 스마트폰 알람을 통해 시민들에게 끊임없이 마스크 착용을 상기시키고, 사회적 거리두기에 대한 조언 및 감염 정보를 제공하는 바로미터가 되었다. 이러한 메시지는 대중들에게 공통된 목표를 부여하고 정부의 노력에 대한 지지와 신뢰로 이어져 패닉이나 사재기 현상이 나타나지 않았다. 공공의 신뢰가 수준 높은 시민의식과 자발적 협력을 이끌어내는 원동력으로 작용한 셈이다.

이러한 교훈을 통해 뉴욕타임스는 한국의 성공적 방역은 정치적 의지, 대중의 의지, 그리고 시간이라는 세 가지가 잘 맞물려 돌아감으로써 가능했다는 결론을 내렸다.

주지하다시피 한국은 저 신뢰 사회이다. 하지만 이번 코로나19 사태와 정부를 포함한 질병관리본부의 대처는 우리 사회에서 신뢰가 형성되어 가고 있음을 보여준다. 정부와 질병관리본부는 매일 약속한 시간에 필요한 정보를 제공하는 대국민 브리핑, 코로나19가 심각해지기 전에 미리 진단키트 개발을 위한 비상대책회의를 소집하여 준비해 두었던 데이터를 모두 개발업체들에 공개한 점, 현장 의료진으로부터 나온 드라이브 스루Drive Through 아이디어를 신속하게 결정하여 실행한 점 등[92]은 국내뿐 아니라 해외에서 K-방역에 대한 신뢰와 우수한 방역체계로 찬사를 받은 주요 원인이라고 할 수 있다.

실제로 우리나라는 코로나19 팬데믹 상황에서도 거의 유일하게 국경을 봉쇄하지 않은 나라가 되었다. 국경봉쇄는 매우 중요한 의미를 지닌다. 국경을 봉쇄할 경우에 코로나19의 확산을 방지하는데 일정 부분 효과가 있겠지만 국가 내 소비와 경제적 활동의 위축은 물론 국가 간 사회적 · 경제적 교류 중단으로 이어져 전 세계적인 경제위기로 확대될 수 있다. 이에 국경봉쇄는 극약처방이라고 해도 과언이 아니다. 팬데믹으로 직격탄을 맞은 유럽은 예상되는 경제적 피해에도 불구하고 국경봉쇄라는 어쩔 수 없는 카드를 선택하였다. 하지만 우리나라는 검사, 격리, 추적, 치료라는 제한적 조치를 통해 코로나19에 대해 빠르고 단호하게 대처하였다. 이러한 대응은 코로나19에 의한 집단감염을 막기 위한 공격적 대응으로, 국경봉쇄라는 최악의 상황을 막을 수 있었던 또 다른 카드였다. 코로나19에 대한 성공적인 대응은 초기 코로나19로 인한 사회적 혼란을 막는 데 커다란 도움이 되었고, 이후 안정적인 마스크 및 진단키트 보급, 나아가 해외 원조로 이어지기도 하였다. 우리나라는 미국, 아랍에미리트, 콜롬비아, 에콰도르, 라오스, 가봉, 이란 등 97개국에 대해 마스크와 진단키트를 인도적 차원에서 지원하여 국제

코로나 팬데믹은 국격, 국가 간 협력관계에 대해 새로운 기준을 제기했다. ⓒPixabay

사회의 코로나19 극복 노력에 동참하기도 하였다.

한국의 성공적인 방역은 발병 원인부터 사망자 통계에 이르기까지 '죽竹의 장막' 같은 중국의 불투명성과 최악의 신뢰 위기, 그에 따른 주요 서방국가들의 중국 책임론과는 극명하게 대비된다. 또한, 도쿄올림픽 개최를 위해 코로나19에 대해 미온적으로 대응하고, 확진자 및 사망률에 대한 통계조작 의혹, 그리고 경제를 살린다는 명분으로 고투 캠페인을 강행한 일본은 주요 국가들로부터 그 투명성과 신뢰에 심각한 손상을 입었고, 국격 또한 코로나19 이전과 이후로 구분할 정도로 현저하게 떨어지고 있는 상황이다.

코로나19에 대한 효율적 방역 유무는 국가 파워를 새롭게 정립하는 기준이 되고 있다. 세계의 주요 언론과 네티즌들은 우리나라의 코로나19 방역을 세계적인 모범적 사례로 소개하면서 그 우수성과 함께 부러움의 시선으로 바라보고 있다. 분명한 사실은 우리나라의 국격과 브랜드 파워가 코로나19 이전과 이후로 구분할 정도로 크게 상승하였다는 점이다. 그리고 예상치 못했던 코로나19의 확산과 위기, 대응은 우리에게는 세계적으로 그 위상을 드높일 수 있는 또 다른 기회로 작용하고 있다. 다만, 우리가 생각해야 할 점은 코로나 이후에 현재의 국격과 위상을 어떻게 유지해 나갈 것인가에 대한 문제이다. '위기는 곧 기회'라고 하지만, 그 기회를 잡는 것은 우리의 몫임을 자각해야 할 것이다.

06.

에필로그 : 안심희망, 공정탄력사회 프로젝트와 넥스트 노멀

NEXT NORMAL

"이번에도 우리는 답을 찾을 것이다. 언제나 그래왔듯 말이다"
– 영화 '인터스텔라' 中

코로나 시대, 대한민국의 당면 과제

우리나라뿐만 아니라 전 세계가 코로나19 바이러스 때문에 한 번도 경험해보지 않은 사회적 진통을 겪어 내고 있다. 문재인 대통령의 취임사는 "한 번도 경험해보지 못한 나라를 만들겠습니다"이었다. 코로나19 사태를 예견하고 한 연설은 아니지만, 한국 사회는 지금까지 한 번도 경험해보지 않은, 바이러스에 의해 상당히 왜곡된 새로운 사회로 급격히 진입했다.

코로나19로 지금까지 통용되던 원칙들이 모두 리셋되고 있다. 오늘의 선택은 향후 수십 년, 한 시대를 결정할 것이다. 우리는 새로운 시대를 맞이해 대전환의 갈림길에 서 있다.

혼돈의 시대가 지나면 새로운 질서가 탄생한다. 세계는 코로나19 '이전'과 '이후'로 나뉠 것이다. 세계가 안전하지 않다는 '진실'을 알게 된 이상 이전과 똑같이 살아갈 수는 없기 때문이다.

한 사회는 재난을 만났을 때 힘을 확인한다. 재난이 거대할수록 실감도 통렬하다. 내부의 진실도 마주하게 된다. 세상이 낯선 것이 되었을 때 인류의 유전자는 급변한다. 재난은 시련이지만, 인류 진화를 재촉하는 도전으로 작동하는 것이다. 위기와 적응은 인간의 생존을 가능케 한 근원적 힘이었다.

지금 인류는 서로의 '연약함'에 공감하고, '연대'의 가치를 이야기하고 있다. "우리는 더 사랑해야 한다. 더 인간을 이해해야 한다.

지치고 힘든 이들의 마음을 더 어루만져줘야 한다. … 전염병은 고통만 퍼트리는 게 아니다. 마음과 온기도 퍼트린다. 나빠질 미래는 염려해야 한다. 그래야 준비할 수 있기 때문이다. 하지만 나빠질수록, 더 사람을 챙기는 세상이 됐으면 한다." 소설가 최민석의 소망93이 결코 헛된 것이 아님을 목도하며 안도한다.

이미 우리는 루비콘 강을 건넜다. 간절히 원하더라도 우리는 코로나 이전 시대로 되돌아 갈 수 없다. 2000년 전 카이사르Caesar처럼 우리 앞에 놓인 길은 변화를 적극적으로 수용하고 대비하여 미래의 정복자가 되느냐 아니면 변화를 거부하고 소극적으로 대처하다가 미래의 반역자가 되느냐 두 가지밖에 없다. 이미 우리는 강을 건넜는데 여기서 주저할 수는 없다. 사회 혁신 및 제반 시스템 구축에 대한 우리 사회의 강력한 의지와 과감한 투자가 그 어느 때보다 중요하다.

팬데믹 이후 우리 사회가 확 바뀌게 될 것이라는 요란한 전망도 제시되고 있지만, 섣부른 예상보다는 유사한 위험이 다시 닥쳐올 때 도시가 탄력적으로 대응할 수 있도록 시스템을 보완하고 사회적 인프라를 확충하는 게 우리에게 주어진 우선적 과제일 것이다.

재택근무의 정착, 온라인을 통한 비대면 사회활동 증가에 따른 사무실, 교육시설, 종교시설 등의 공간 수요 감소, 이로 인한 도시 유휴공간의 증가, 스마트폰 등을 통한 집 안에서의 여가활동 증가 등은 도시 공간의 기능적 재배치를 가져올 수 있다. 개연성 있는 미래의 모습이다. 하지만 그것만이 우리의 지향점이 될 수는 없다.

여러 나라들이 취하고 있는 각자도생의 조치들과 세계 곳곳에 만연하고 있는 이방인에 대한 혐오와 차별을 극복하고 효과적으로 바이러스에 대응하기 위해서는 공공의 신뢰를 회복하는 것이 무엇보다 중요하다. 사실 신뢰는 국가와 사회, 개인을 막론하고 모든 상호관계의 가장 기본적인 전제 조건이지만, 코로나19로 인해 가장 크게 손상된 기본 가치의 하나이자, '포스트 코로나' 시대가 도래했을 때 우리 사회와 세계를 재건해 나가는 데 가장 필요한 공공재이기도 하다.

넥스트 노멀은 전망과 예측, 또는 희망의 대상이 아니다. 그보다는 과정과 정치이며, 축적과 실천에 가깝다. 넥스트 노멀은 저절로 도래하는 것이 아니다. 현재의 실천으로 미래의 노멀에 개입할 수 있다.

코로나19 팬데믹이 어떤 사회경제적 충격을 가져올지, 세계와 우리나라는 이 충격에서 과연 살아남을 수 있을지, 무엇을 해야 하는지 등 모든 것이 불확실하고 복잡해서 그 방향을 헤아리기 쉽지 않은 게 사실이다. 따라서 우리는 새로운 상황에 직면할 때마다 우리 체제에 대한 신뢰를 바탕으로 민첩하게 새로운 해법을 만들고 실험하면서 헤쳐 나갈 수밖에 없다. 하지만 무엇보다도 중요한 것은 이 과정이 단순한 회복이 아니라 앞으로 나아가는 것을 의미한다는 점이다. 따라서 현재의 문제를 풀어나가면서도 장기적 관점을 유지해야 할 것이다.

이제 대한민국의 미래 비전을 재정립할 때다. ©Pixabay

준엄한 성찰이 요구된다. 우리의 미래를 위해, 희망을 찾아야 한다. 신뢰를 되찾아야 한다. 현실이 아무리 힘들더라도, 우리는 필연으로 저항할 수 있고 사회를 변형할 수 있는 주체다. 시민의 권리가 드러나고, 국가와 기업 때문에 공공성, 윤리성이 반증되는 역설, 또는 변증법. 그것이 의미이고 가치이기 때문이다.

대한민국의 미래를 위해 새로운 프로젝트를 준비해야 할 때이다. 안심희망사회가 바로 그 비전이다.

대한민국의 미래 비전, 안심사회 & 희망사회를 위하여

한국 사회에서 다양한 사건사고, 재난재해들이 동시다발적이고 지속적으로 발생하고 있다. 국가적 재난 수준으로 확대되는 경우도 빈번하다. 이러한 위험요소들은 국민의 불안을 가중시키고 국민이 체감하는 안심수준을 낮추어 삶의 질과 만족도를 낮추는 결과를 낳고 있다. 불안에 떨며 사는 한국인은 일상생활에서 안심하고 살지 못하는 상황에 놓여 있음이다.

1980년대를 거치면서 한국 사회가 쌓아온 안전사회의 신화가 다양한 사건사고를 통해서 무너지면서 정부 차원에서도 지속적인 '안전정부' 건설을 위해 노력해왔다. 그럼에도 우리 국민은 여전히 불안과 걱정에 산다.

오늘 대한민국에서 발생하는 위험들은 완전히 제거될 수 있는 것이 아니다. 단지 관리만 가능하다. 물론 정부와 기업들은 매뉴얼 등 기술적 수단으로 위험 관리가 가능하다고 말한다. 그러나 사회적 갈등과 혼란을 야기하는 위험 이슈들이 여전히 빈번하게 등장하는 것을 보면, 이는 잘못된 접근법임을 강력히 시사한다.

실제 혹은 잠재적 위험으로 인한 사회적 갈등은 사회가 다양하게 분화될수록 점차 증가할 것이다. 또한, 각종 위험에 대한 막연한 불안감이 해소되지 않는다면 그로 인한 사회적 비용 역시 증가할 것이 분명하다. 따라서 합리적이고 원활한 사회적 논의 및 소통을 통해 개발된 기술이 가져오는 편익과 위험 관련 정보를 객관적으로 전달하고, 위험 규제 절차 및 활동에 대한 국민적 이해를 도모하는 한편 합리적인 위험 논쟁을 활성화하게 되면 과장된 위험지각으로 인한 사회적 갈등을 완화시키고, 불필요한 사회적 비용도 줄일 수 있을 것이다.

수용 가능하거나 잠재적 위험요소에 대해서는 '안전'을 통해 위험에 대한 통제와 대비가 가능하나, 예기치 못한 위험에 대해서는 안전 개념만으로는 한계가 있다. 안전의 여부는 전문가가 판단하나, 안심은 공중이 판단한다. 공중은 안전보다 안심을 선호하고 우선시한다.

국가는 '안전安全'을 얘기하지만, 국민은 걱정과 불안으로 '안심安心'하지 못하고 있다. 정부와 전문가들이 안전하다고 강조해도 국민이 믿지 못하면 아무 소용이 없다. 광우병, 메르스, 미세먼지 등 우리네 삶을 위협하는 위험요소들은 안전하다고 얘기하는 정부와 전문가에 대한 신뢰에 기반한 불안감 해소를 통해 극복 가능한 것이다. 그래야 안심할 수 있는 것이다.

따라서 위험이 생기거나 사고가 날 염려가 없다는 안전의 개념을 넘어서는, 위험에 대한 모든 걱정을 떨쳐 버리고 마음을 편히 가질 수 있는 안심 개념으로의 패러다임 변화가 요구된다. 이제 '위험사회, 불신사회, 불안사회'를 극복해야 하는 국가사회적 차원의 과제는 사회과학적 관점에서의 새로운 접근 및 대안을 요구하고 있다. '안전국가' 슬로건에 '안심사회' 콘셉트를 추가해야 할 것이다.[94]

지금 당장 안전국가로 가기는 힘든 만큼 시민들이 '안심할 수 있는 상태'를 만들어야 한다. 객관적 위험 그 자체를 줄이려는 노력도 중요하나, 위험에 대한 국민들의 주관적인 인식인 불안을 줄이려는, 즉 국민 안심을 증대시키는 방안은 국민의 안전을 지향하는 정부의 필수적인 정책 활동이다. 위험이 생기거나 사고가 날 염려가 없다는 안전의 개념을 넘어서는, 위험에 대한 모든 걱정을 떨쳐버리고 마음을 편히 가질 수 있는 안심 개념으로의 패러다임 변화가 요구된다.

유례없는 코로나바이러스를 마주하며 과연 무엇이 질병으로부터 안전한 삶인가를 묻게 된다. 잠깐 스쳐도 감염될 수 있다는 바이러스 앞에 안전한 상태란 감염되지 않은 상태라기보다는, 설령 감염되더라도 혐오와 낙인에 내던져지지 않은 채 적절한 의료 접근권을 보장받고 회복할 수 있다는 희망을 가질 수 있는 상태에 가까울 것이다.

준엄한 성찰이 요구된다. 우리의 미래를 위해, 희망을 찾아야 한다. 신뢰를 되찾아야 한다. 현실이 아무리 힘들더라도, 우리는 필연으로 저항할 수 있고 사회를 좀 더 나은 방향으로 나아가게 '할 수 있다'.

여전히 희망은 있다. 아리스토텔레스를 비롯한 고대 철학자와 긍정심리학자들에 의하면 인간은 궁극적으로 삶에서 행복을 추구하며, 개인에게 내재된 고유한 특성이 발현될 때 행복을 누릴 수 있다고 한다. 인간은 궁극적으로 행복을 추구한다는 철학적인 원리뿐 아니라 4차 산업혁명 및 고령화와 같은 급속한 환경의 변화로 삶의 질적 측면인 행복의 중요성이 날로 더해져 갈 것이다. 행복 수준의 향상은 심리자본과 사회자본의 역할이 중요하다. 희망, 자기효능감, 회복 탄력성, 낙관성과 같은 심리자본과 타인과 사회에 대한 신뢰, 상호호혜의 규범, 사회 참여 및 네트워크와 같은 사회자본이 행복에 미치는 영향력이 크다는 것이다. 이는 행복한 개인이 많아지고 행복한 국가로 발돋움하기 위해서는 자본에 대한 개념을 확장하여 인적자본뿐만 아니라 심리자본 및 사회자본의 균형적인 축적이 뒷받침되어야 함을 시사한다.

안심희망사회라는 대한민국 비전을 위해 새로운 길(넥스트 노멀)을 모색해야 할 때다.

새로운 것들에 대한 잘못된 집착을 버리고 아울러 전통의 풍부함을 간직하게 하면서 우리에게 쏟아지는 새로운 것들을 진정 새롭게 생각하고, 대처하며 살아갈 수 있는 용기와 지혜가 우리에게 필요하다. 결국, 사람이 중요하다. 선한 의지 말이다. 상식과 신뢰가 지배하는 세상이 되어야 할 것이다.

우리는 반드시 스스로에게 꿈을 갖도록 허락해야 한다. 이는 한참 전에 해야 했던 개혁들을 감행할 수 있는 시간이며, 불의한 구조들을 바로잡을 수 있는 시간이다. 우리의 선택과 무관하게 우리는 새로운 세상 속에서 살아야 한다. 단지 더 나은 세상이 되기를 염원하는 것으로 새로운 세상(안심희망사회)이 도래하지는 않을 것임을 명심해야 한다.

그리고 차별 없는 공정탄력사회를 향해

코로나19는 의학적 위험이자 사회적 위험이다. 이 사회적 위험은 평등하지 않다. 코로나19가 미치는 영향은 계층, 직업, 세대에 따라 다르다. 특히, 비정규직, 자영업자, 고령세대 등에게 코로나19가 안기는 위험수준은 상대적으로 높다. '코로나19 불평등' 현상이다.

'비대면'의 의미로 사용되는 '언택트[95]'. 오직 한국에서만 쓰이는 말이다. '언택트'라는 말은 어법에도 맞지 않으며, 대외적으로는 이해 자체가 불가능한 표현이다. 문제는 표현만이 아니다. 코로나 사태에 대한 단편적 인식이 고통받는 이들의 현실을 가리고 있다. 바이러스와의 접촉을 최소화하기 위해 스마트폰 앱이나 전화로 음식, 식료품, 일상용품을 주문하고는 이것을 '비대면'이라고 부른다. 주문이 끝난 이후의 과정은 지극히 '대면'적인데도 말이다. 비대면 경제의 수면 아래에는 거대한 대면 노동이 자리하고 있다.[96] 코로나 증상이 나타난 뒤에도 출근한 노동자를 비난하기는 쉽다. 하지만 계약직은 정규직이 되기 위해 결근하지 못하고, 일용직은 먹고 살기 위해 쉬지 못하는 현실도 돌아볼 필요가 있다. 이들 가운데는 '코로나바이러스보다 실직이 더 무섭다'고 말하는 이도 있다. 비대면의 미래를 논하는 일은 대면의 현실을 개선하는 것에서 시작해야 하는 것이다.

'방역'이라는 대의에 묻히기 쉬운 것이 인권이다. '피해자'인 확진자 · 접촉자들이 순식간에 '가해자'로 바뀌어 여론의 공격을 받는 일은 아직도 비일비재하다. 일부에선 중동호흡기증후군(메르스) 때와 무엇이 달라졌느냐는 우려도 내놓는다. 2015년 9월 메르스 사태 직후, 메르스 환자 · 가족들은 피해자로 여겨지기보다는 경계해야 할 보균자로 인식됐다. 충분한 정보를 얻지 못한 채 격리됐다. 감염의 공포와 격리의 고통이 어떤 것인지, 의심환자의 두려움이 무엇일지 고려하지 않고 공중보건이라는 이름으로 이들을 격리하는 데 바빴으며, 공중보건 위기상황에서 환자, 가족, 일반 시민들에 대한 윤리적인 대응방식이 무엇일지 찾아보는 시도가 거의 없었다.

방역당국은 폐쇄회로텔레비전CCTV과 신용카드·통신 내역을 확보해 확진자의 동선을 10분 내 도출하는 시스템을 만들었고, 안심밴드(자가격리 위반 방지용)와 QR코드(고위험시설 출입용) 도입 등을 추진해왔다. 하지만 새로운 조치가 추가될 때마다 그에 따른 인권침해가 없을지 충분히 살폈는지는 의문이다.

유발 하라리는 "현대사회는 인류 역사상 처음으로 기술을 통해 모든 사람들을 24시간 감시하는 사회"라고 정의한다. 코로나19 사태 장기화 국면에서 정부는 불확실성의 적과 싸우기 위해 강력한 리더십을 바탕으로 국민의 희생을 강요하게 되고, 국민은 이에 복종하며 스스로의 자유를 포기하게 된다. 코로나19로 인해 정부가 시민에 대한 통제를 강화하고 완벽한 빅브라더로 변신할 경우 당장의 위기는 극복할 수 있겠지만, 한 번 빅브라더가 된 국가권력은 지속적으로 시민에 대한 통제를 강화하는 움직임을 보일 수밖에 없다는 비판이다. 코로나19로 정부는 국민에 대한 감시에 더 적극적으로 나설 것이며, 이는 위기가 끝나도 일상적인 시스템으로 자리잡을 것이라는 예언이다.[97]

감염병 위기국면에서 혐오와 차별, 낙인은 방역에도 도움이 되지 않는다. 이태원 클럽 집단감염 사태에서 이미 우리는 성소수자에 대한 혐오가 그들을 더 숨게 만든다는 사실을 확인했다. 격리자(확진자·접촉자)를 물리적, 사회적, 심리적으로 이중·삼중 격리시키지 않도록 모든 가능한 조처를 취해야 한다. 완벽한 'K-방역'이 되기 위해서 놓쳐선 안 될 대목이다.

비단 성소수자들만의 문제가 아니다. 자신의 신분을 증명할 문서가 없는 미등록 이주민이나 난민들이 여전히 보편적인 방역체계에서 지워지는 현실, 재난안전지원금을 특정한 거주지를 가진 '세대주'에게만 지급하며 홈리스를 배제하는 문제는 국가가 차별적으로 적용하는 방역체계의 층위를 보여주고 있다. 소수자들의 오랜 요구에도 불구하고 차별금지법이 제정되지 않고 있는 것처럼, 소수자들이 사회에서 평등하고 역동적인 주체로 살아갈 수 있는 환경을 만들 책임을 국가가 오랜 세월 외면해온 탓이다. 모두의 안전을 보장하기 위해 국가가 할 일은 감염인 개개인에게 강경히 대응하는 게 아니라, 재난을 개인화하는 시도의 반대편에서 권리 침해를 받는 개인에 대한 혐오와 차별에 맞서는 일이다.[98]

국제적으로도 명성을 떨친 우리나라 코로나19 대응의 성과를 긍정하는 한편으로 그러한 대응책이 '다른 사고에 열려 있는 성숙한 사회적 분위기와 시민의 자발적 참여'의 결과인지를 되물을 필요가 있다. 이 과정에서 우리의 대응방식이 '민주적 모델'이라고까지 운위되지만 혹 개인의 자유보다는 사회적 방어를 앞세우지는 않았는지, 말단의 저임금 노동자나 우리 사회 각처에서 필수적 노동에 종사하는 이들의 과로와 헌신을 당연시하며 딛고 선 것은 아닌지를 되돌아보아야 한다.[99]

사회 전반의 디지털 전환 기폭제로서 코로나 사태가 보여주고 있는 또 다른 모습은 우리가 현재의 위기를 어떻게 접근하느냐에 따라 기술 혁신과 사회적 변환을 위한 돌파구로 기능할 수 있음을 암시한다. 관건은 우리 사회가 현재의 혼란과 위기를 한 단계 진화된 모습으로 나아가는 도약의 발판으로 만들 수 있느냐이다.

코로나의 위기는 이른바 '상시적 불확실성'의 시대에서 경제력의 차이나 정치체의 성격에 따라 국가를 분류하는 시각이 가진 한계를 여실히 보여준다. 대신, 새로운 위기에 대한 사회적 회복력Resilience이 높은 혁신 국가와 그렇지 못한 국가의 차이가 보다 명확해지고 있을 뿐이다. 우리가 목도하고 있는 바와 같이, 코로나19는 일상의 모든 유산이 비로소 20세기와 단절하는 중대한 계기로 작용할 것이며, 성공적인 이행을 위한 국가 차원의 중장기 전략과 산업 재편의 방법론이 필요한 시점인 것이다.[100]

오늘날의 사회는 과거와 비교할 수 없을 만큼 복잡성Complexity이 증가한 시스템이다. 복잡성의 증가는 곧 불확실성의 증가를 낳는다. 복잡해진 시스템을 통제하기 위한 제도와 거버넌스는 언제나 제한적이거나 후속적일 수밖에 없기 때문이다. 따라서 예상치 못한 X이벤트 발생 시, 극단적 상황으로 빠지지 않고 신속하게 사회를 정상화하기 위해서는 높은 수준의 '사회적 회복력Social resilience' 유지를 위한 대비가 필요하다. 지금까지의 사회적 회복력이 돌발적인 재해 · 재난에 대한 사후 대응력에 초점을 맞추었다면, 미래에는 사회 시스템의 구조적 불안에서 유발될 수 있는 위험신호를 조기에 감지하고 선제적으로 대응할 수 있도록 예측력에 초점을 맞춰야 한다. 또한, 컨트롤타워의 의사결정이 경직된 판단에 빠지지 않고 사안별 전문가 집단의 합리적 의견이 충분히 논의 · 반영될 수 있도록 거버넌스 구조를 보완하는 것이 필요하다. 불확실성과 빠른 변화로 점철된 미래 환경에서 전문성에 기반하지 않은 의사결정 시스템으로는 신속하고 융통성 있는 판단을 기대하기 어려워지기 때문이다.

기본적인 인프라와 자원을 갖춘 사회의 건강성은 결국 난관 속에서도 그 사회의 회복력을 발휘할 수 있는 합리성과 신뢰에 의해 그 크기가 결정된다. 코로나19가 촉발시킨 국가적 위기상황은 감염병 이슈뿐만 아니라 미래의 또 다른 X이벤트에 대비하기 위한 토대로서, 부분적인 인프라의 확충을 넘어 사회 전반의 회복력을 증진시킬 방안을 고민하는 기회가 되어야 한다.[101] 이른바 '탄력사회' 콘셉트를 구축해야 하는 것이다.

극단적 사건의 상시화 시대에 있어서 정부의 역할은 그 어느 때보다 중요해질 것이다. 이러한 상황 속에서 미래 정부가 추구해야 할 가장 중요한 가치이자 방향성은 기민함agility과 유연성flexibility일 것이다. 변화하는 상황에 맞게 유연하고 민첩하게 대응하면서 사회 전반적 시스템 진화 차원에서 리질리언스의 역량을 지속적으로 확보해 나가는 전략이 요구된다.[102]

공정탄력사회라는 대한민국 비전을 위해 새로운 길(넥스트 노멀)을 모색해야 할 때다.

정부, 신뢰소통 시스템 구축으로 안심 소통해야

코로나 사태로 위험상황에 내몰린 우리에게 더 이상 안전한 곳은 없다. 현재 인간에게 주어진 조건에서 실제적으로 피할 수 있는 공간은 없다. 그래서 우리에게 필요한 것은 안전을 추구하는 것이 아니라 위험을 감지하고 감수하는 능력이다. 오히려 위험을 감수하고 감당할 수 있는 사회야말로 건강한 사회다. 나아가 안전을 위반하고 벗어나는 것이다. 각종 재난이나 테러, 위험으로부터 국민들을 지키고 보호(안전)하는 것이 정부의 역할이며, 안전을 넘어 국민이 안심하고 살아갈 수 있는 사회를 구축하는 것도 정부의 막중한 역할이다. 그러므로 객관적 위험 그 자체를 줄이려는 노력도 중요하나, 위험에 대한 국민의 주관적인 인식인 불안을 줄이려는, 즉 국민 안심을 증대시키는 방안은 국민의 안전을 지향하는 정부의 필수적인 정책활동이다.

국가적 차원에서 안심사회 구현을 위해서는 사회 전반적인 신뢰 시스템 구축이 선행되어야 한다. 상호신뢰 패러다임에서는 의사결정과정이 시민에게 열려 있으며, 정부가 시민과의 상호작용을 통해서 리스크 이슈를 해결하고 예방할 수 있는 것이다.

위기관리에 대한 중요성이 높아지면서 위기징후를 포착하기 위한 시스템의 구축과 위기를 준비하고 공유하려는 노력이 중요해지고 있는데, 그 핵심에 소통활동(커뮤니케이션)이 자리한다. 총체적인 위기관리 활동이 곧 커뮤니케이션 활동과 연결되기 때문이다. 즉 위험소통(리스크 커뮤니케이션)이 요구되는데, 국가에 리스크 이슈가 발생했을 경우 관련된 다양한 이해관계자(당국, 기업, 시민, 지역주민, 언론 등) 간 커뮤니케이션 과정을 관리하여 사건이 심각한 위기로 발전하는 것을 막는 전략적 커뮤니케이션 과정이 필요한 것이다.

현대사회의 위험은 그 자체 내에 불확실성과 보편성을 내재하고 있기 때문에 동일한 물리적 위험에 대해서도 각각의 공중들이 처한 맥락에 따라 위험을 서로 다르게 바라보고, 해결방법도 다르게 제시한다. 따라서 현대사회의 리스크 이슈가 전문가에 의해서만 독점될 수 없고, 위험을 둘러싼 다양한 공중이 위험 소통을 통해 리스크 관리에 대한 합의를 이루어나가는 민주적인 과정이 담보되어야 위험을 둘러싼 갈등을 최소화하고, 위험에 대한 정의, 인식, 해결방법에 대한 합의를 이끌어낼 수 있다.[103]

위기상황은 위기 자체가 주는 위협보다는 불필요한 오해와 루머 그리고 왜곡된 정보 전달 등 커뮤니케이션 문제로 인해 위기를 더 크게 증폭시킨다. 잦은 정보의 통제나 왜곡이 일어나고, 이에 대한 사회적 불신과 저항이 거세져서 자주 갈등이 커지는 양상으로 발전되곤 한다. 정보를 제공하는 경우에도 정보제공자의 목적을 위한 도구적 접근에 치중하고, 성실한 의사소통이 잘 이루어지지 않는다. 결국 전반적인 커뮤니케이션의 실패가 나타나는 것이다.

리스크 커뮤니케이션은 기본적으로 대중의 위험인식과 전문가들 판단 사이에 있는 불협화음과 긴장을 완화할 수 있도록 전문가

다가올 위험을 극복하기 위해 소통 활성화, 합리화가 필요하다. ©Pixabay

들이 대중과 소통할 수 있는 최적의 방법을 탐구하는 도구이다. 개인, 집단, 조직체 사이에 인간과 환경에 관련한 위험의 평가, 극복, 내적 특성에 관해 정보를 교환하고 전달하는 커뮤니케이션 과정이라 하겠다. 정보의 일방적인 전달 또는 일회적인 사건이 아니라, 시간의 경과에 따라 위험정보를 송신자와 수신자가 상호 주고받는 복잡한 과정이다. 이러한 커뮤니케이션 과정에서 정보의 수신자, 특히 일반대중이 그러한 정보를 받아들이는 데 있어 영향을 미치는 요인이 무엇인지를 확인하는 것이 중요하다.[104]

바이러스가 무서운 진짜 이유는 빠른 전염성과 높은 치사율 때문이 아니라, 바로 나일지도 모른다는 '두려움'을 주기 때문이다. 이때 리더의 역할 중 중요한 하나는 국민의 두려움을 낮춰주는 것이다.

정은경 질병관리청장(전 질병관리본부장)의 브리핑. 낮고 차분함을 유지하는 그녀의 말투는 왠지 모를 신뢰감을 주었다. 그녀의 말에서 주목할 부분은 위기의식이나 희망을 억지로 강요하지 않은 점이다. 간결한 말투는 내용을 이해하기 쉽게 만들어주고, 솔직한 정보전달은 신뢰감을 준다. 국민이 예방수칙을 잘 지킬 수 있었던 이유도 책임자의 언어가 이해하기 쉽고 신뢰감을 주었기 때문일 것이다. 정 청장은 '부지런한 관리자'이지만, 동시에 '소통하는 메신저'이기도 했다. 날마다 방송에 나와 그날의 '사실'을 국민에게 보고했다. 폭발하는 환자의 숫자와 방역 현실의 어려움과 뚫린 구멍들을 모두 다 말했다. 어법은 탈정치적이었고 표정은 담담했다. '사실'을 말했고, 거기에 대해 어떠한 조치를 하고 있는지를 말했다. 성과를 자랑하지 않았고 실패를 숨기지 않았다. 그가 말하는 '사실'은 정부가 힘겹게 사태를 장악하고 있으며, 물러서지 않고 있다는 믿음을 주었다. 이 '사실'의 힘으로 불안을 가라앉힐 수 있었고, 바이러스가 정치적 변종으로 진화하는 사태를 막을 수 있었으며, 가공할 재난 속에서도 한국 사회는 큰 혼란을 겪지 않을 수 있었다. 국민은 대체로 정부가 요구하는 생활의 불편을 받아들였고, 사재기 같은 이기적 행동을 하지 않았다. 이것이 '사실'의 힘이고, '사실 말하기'의 힘이다. '사실'은 그 자체로서 힘을 내장하고 있지만, 그 힘은 '말하기'를 통해서 사회적으로 공유되어야만 현실 속에서 작동하는 것이다.[105]

600년 전 세종대왕은 백성을 하늘로 삼고, 백성들의 말을 경청하고, 참된 도움을 주려고 노력함으로써 뜻과 말과 마음이 통하는 '3통1평三通一平'의 리더십을 실현했다. '3통'(言通, 心通, 志通)은 말이 통하고, 뜻(목표)이 통하고, 마음까지 통해 한마음이 되어야 한다는 뜻이다. '1평'은 지향하는 목적이 개인이나 집단의 이익을 넘어 국가와 민족을 위하는 높은 차원이 돼야 한다는 것이다. 한 뜻, 한 말, 한마음으로 통해야 한다. 한 뜻은 내 뜻이 아무리 좋더라도 우리의 뜻으로 만들기 위해 합의 공감의 과정이 중요하다는 것을 의미한다. 한 말은 경청의 자세를, 한마음은 믿음과 소망, 사랑, 솔선수범을 의미한다. 세종대왕이 정치사회적으로 혼란했던 시기를 극복하고 행복한 국가 건설을 이룬 배경에는 3통1평의 소통 리더십이 있었다.

포용적 성장으로 모두가 행복한 사회 지향해야

코로나로 인해 불평등이 심화되었다는 것은 이미 주지의 사실이다. 이주자, 고령자, 장애인, 수용자, 여성, 성소수자, 권리취약노동자

등이 코로나로 인해 심각한 어려움을 겪고 있다는 사실이 지속적으로 보고되고 있다. 자발적 거리두기는 한국의 모범적 방역을 이끌어온 가장 큰 힘이었다. 그런데 집에 머물 수 있는 여건은 사람들마다 천차만별이다. 주거의 불평등이 재난 상황에서 극명하게 드러난다. 재택근무와 재택학습이 일상화되었지만, 온라인 근무나 학습에 집중할 수 있는 주거 환경이 마련되지 않은 경우도 적지 않다는 게 문제다. 극소수의 사람만 안전한 공간에서 일하고 공부할 수 있게 된다는 뜻이다. 인권의 측면에서 보면, 경제 · 사회 · 문화적 권리의 불평등을 완화해왔던 공공영역이 붕괴되는 것이라 할 수 있다. 개인이 하루아침에 주거 환경을 개선할 수는 없을 것이다. 이는 결국 '공공의 책임'일 수밖에 없다.106

일반적으로 감염병이 유행하면 격리자의 과거 동선이나 신원에 대한 관심이 커지고, 초기 감염자에 대한 혐오와 배제가 시작된다. 외부에서 유래한 경우, 해당 집단에 대한 혐오와 비난의 여론이 과학적 방역을 위한 조치를 압도하는 현상이 벌어진다. 한 국가 내에서도 집중 발병한 특정 지역에 대한 배제와 차별이 심해지고, 불특정 다수에 대한 격리, 이동 금지, 봉쇄 조치 등을 요구하는 목소리가 커지게 된다.

특히 사회경제적 인프라가 부족한 저소득 계층 밀집 지역, 외국인 밀집지, 정신 장애인 수용시설 등에서 유행이 발생하면, 기존의 사회적 편견이 배증되는 결과를 낳는다. 특정 종교, 인종, 직업 등의 하위 집단에 대한 혐오도 마찬가지다. 이는 감염자나 접촉자가 증상을 숨기는 부작용을 낳고, 이로 인한 감염 확산은 혐오와 배제를 강화하는 악순환을 밟는다.

코로나19 유행이 점점 확산하면서 일부 집단에 대한 혐오와 배제가 심해지고 있다. 특정한 종교 집단이나 특정 국가에 대한 비난과 차별이 비등한다. 방역 효과와 무관하게 이러한 심리적 혐오는 아주 강력하게 나타나고 소수 집단이 증상과 병력을 은폐하는 부작용을 일으킨다. 코로나19가 점점 확산되는 한국 사회에서도 희생양 찾기의 움직임이 조금씩 보이고 있다. 정부에 대한 무차별적인 비난과 공격, 일선에서 싸운 방역 공무원이나 의료진에 대한 책임 추궁 등은 메르스 사태에서도 목격한 바 있는 병리적 사회 반응이다. 이는 향후 반복되어 나타날 신종 감염병 유행 시 전문가 집단의 소극적 대응을 유발하는 부정적인 사회적 경험으로 남는다.[107]

코로나19로 많은 사람들이 좌절하고 힘들어하는 지금 더욱 '포용적 성장'이 필요하다. 포용적 성장은 빈곤의 감소, 불평등 해소, 시민들의 참여 확대, 일자리 해소, 기회의 평등함, 배제되지 않는 평등함 등 빈곤과 불평등의 심화에서 시민들의 권리와 참여를 촉구한다. '디지털 포용'도 이런 포용적 성장의 가치에서 출발한다. 유럽연합EU은 빈곤의 측정 방법을 구체화하고 사회적으로 배제되지 않는 다차원적 접근 방식으로 빈곤의 대상을 구제하려 하고 있다. 미국 뉴욕의 경우는 약 70개의 도시 내 주요 기관의 지역 파트너와 시민의 아이디어를 반영해 '하나의 뉴욕' 개념을 내놓았다. 뉴욕은 이러한 개념 아래서 성장하고 지속 가능한 정책을 펼치고 있다.

수많은 묵은 의제들이 정책 테이블에 올려진 지금이 신자유주의가 문화가 되어버려 모두의 사고가 자본 중심으로 자리 잡힌, 불평등이 노멀(정상)이 된 사회를 치료할 기회임을 자각해야 한다. 모든 사람이 기본권을 누리며 굶지 않고, 병원에 갈 수 있고, 교육을 받을 수 있는 사회, 태어난 계급이나 성별 · 지역에 상관없이 노력으로 올라가는 부분을 최대한 보장하는 제도를 세워야 할 것이다.

포용하는 성장 사회가 미래 한국의 비전이다. ©Pixabay

모든 것이 스마트폰으로 이루어지는 편리한 세상이지만 이러한 디지털 환경을 오히려 장벽처럼 느끼는 대상들이 있다. 젊은 세대보다는 디지털 환경이 낯선 고령층이나 디지털 기기들을 살 수 없거나 유지비용이 버거운 사회적 소외계층들이 그 대상이다. 이에 정부는 '디지털 포용 사회'를 구축해 디지털 소외계층 없이 모든 국민이 디지털의 혜택을 받을 수 있도록 한다는 방침이다. '디지털 포용 사회'란 모든 국민들이 디지털 기술을 쉽고 적극적으로 활용할 수 있도록 디지털 환경 전반이 정비된 사회를 뜻한다.

디지털 포용 사회로 가기 위해서는 먼저 사회적 약자에 대한 포용이 우선되어야 한다. 특히 최근 코로나19 이후 사회적 약자 계층에서의 정보 소외감은 더욱 커지고 있다. 여기에서 오는 디지털 격차는 더욱 큰 삶의 박탈감을 느끼게 할 수 있다. 코로나19로 인한 사회적 거리두기 운동은 기존 공동체의 사회적 약자들에게 더욱 큰 격차를 불러온다. 코로나19 이후 공동체의 삶이 크게 변화하고 있어 사회적 약자들에 대한 보살핌이 어느 때보다 절실하다. 모두가 인간으로서 품격을 누리는 삶의 기본을 보장받는다면, 세상의 두려움은 줄어들 것이다. 두려움이 줄면 혐오도 줄어든다.

고대 정치철학자 아리스토텔레스Aristotle는 정치를 공동체의 행복을 위한 것이라고 제시했다. 정치에서 개인과 공동체의 행복이 일치한다면 가장 아름다운 조화일 것이다. 하지만 복잡한 이해관계가 걸려 있는 현대 국가에서 이를 조화하기는 쉽지 않다. 아리스토텔레스의 논의가 현대에 주목받는 이유는 팬데믹(세계적 대유행)에서 제기된 공동체의 안전과 개인의 자유권을 둘러싼 갈등 때문이다.

코로나19가 2020년 전 세계를 강타하면서 각 국가는 봉쇄와 사회적 거리두기, 집회 결사와 종교활동의 제한, 이동의 자유 축소 등 방역 대책을 내놓고 있다. 한국의 경우, 초기 방역과정에서 혼란도 있었지만, ICT(정보통신기술) K-방역과 성숙한 시민의식에 힘입어 다른 국가에 비교해 선방하고 있다는 평가를 받고 있다. 하지만 선제적 K-방역에 대한 비판의 목소리도 있다. 대표적으로 프라이버시 침해, 감시와 같은 시민권 침해와 지나친 행정 권력의 강화 움직임, 기업에 의한 위치정보 등의 무분별한 공개 등 비민주적인 관리에 대한 지적이 있다. 이는 민주주의의 위협요인이라 할 수 있다. 코로나19 방역과정에서 나타난 민주주의의 위협요인은 첫째, ICT 활용의 방역이 지나칠 경우, 사생활 침해나 감시, 개인의 자유권이 침해될 우려가 있다. 둘째, 스마트 기기에서 위치정보 제공 기준과 부작용 등에 대해 재인식하게 되었다. 셋째, 지나친 행정 권력의 강화, 즉 민주주의 권력 분립이 비상 상황에서 어떻게 기능해야 할지에 관한 대응의 미비이다. 이에 사회적 논의와 합의가 필요하다. 코로나19 방역과정에서 나타난 민주주의 위협요인을 최소화하기 위한 법 제도적 고민을 시작해야 한다. 그리고 그 대안은 공동체의 안전과 시민권의 조화를 위한 제도 정비, 그리고 성숙한 시민의식 제고를 위한 교육의 강화 등이 있을 것이다.[108]

기업, 디지털 혁신으로 유연한 적응해야

코로나 팬데믹으로 인해 본격적인 비대면 시대가 시작되면서 비즈니스와 업무방식의 변화 등 전 세계 기업문화가 바뀌고 있다. 회사 업무는 사무실에서만 해야 한다거나 직원도 면대면 면접을 통해서만 뽑아야 한다는 고정관념들이 깨지고, 이로 인해 디지털 트랜스포메이션이 촉발되며 다양한 비대면 비즈니스 기술들이 각광을 받고 있다.

세계화 시대의 종말, 즉 컨테이너 경제의 종말이다. 규격화된 컨테이너의 도입은 세계를 마치 축척 지도처럼 좁히고 운송비용을 줄이면서 전 지구적인 공급체계를 가능하게 했다. 전 세계 모든 나라가 전 세계 모든 기업의 고객이 되고 종업원이 됐다. 그런데 코로나바이러스가 60년간의 세계화 물결을 멈추게 한다는 것이다.

세계화 시대의 국가의 역할은 기업의 자유무역과 이동을 지원하는 것이었고, 기업의 역할은 더 싼 곳에서 만들어 시장만 있다면 어디에서든 파는 것이었다. 그런데 세계화가 종말을 고하면 국가와 기업의 역할도 달라져야 한다.

팬데믹 가운데 이뤄지는 경제를 영국 파이낸셜 타임즈 등 서방 언론들은 팬데믹과 이코노믹스를 합쳐 팬데노믹스Pandenomics라 명명했다. 코로나19로 인한 산업환경 변화를 예측하는 전문가들 다수는 코로나19가 최근 수년간 주요 산업의 비즈니스 모델과 산업구조 등을 근본적으로 재정의해 온 디지털 트랜스포메이션Digital transformation 흐름의 급속화와 비대면 경제의 영역 확장을 불러일으킬 것으로 전망한다. 그에 따라, 코로나19 위기 이면에 있는 새로운 산업발전 기회의 창Windows of opportunity을 능동적으로 활용할 필요가 있음을 주지하고 있다. 실제, 우리는 최근 상당수 오프라인 관계가 단절된 채, 재택근무, 화상회의, 온라인 강의, 온라인 쇼핑, 칸막이 식사 등이 일상생활의 일부로 자리 잡음을 체감하고 비대면 경제의 정착 가능성을 확인했다. 그리고 코로나19로 인해 기존 노동집약형 제조업을 중심으로 공급 차질 등의 문제가 산업연관 관계를 바탕으로 연쇄 부작용을 일으키는 현상을 경험하며, 생산현장의 구조적 전환

과거에는 단순히 아날로그 데이터의 디지털화, 기업의 디지털화를 디지털 트랜스포메이션이라고 불렀다면 지금은 모든 사고와 활동의 단위가 디지털화되는 것으로 그 개념이 확장되고 있다. ©Pixabay

이 필요하다는 공감대 형성을 확대하고 있다. 주요 산업 부문에서 노동력에 대한 높은 의존도를 유지하기보다는 자동화, 지능화 생산체계 구축이 필수적이라는 인식이 확대되고 있으며, 이는 생산현장의 디지털화가 더욱 가속화될 가능성이 높음을 시사한다. 디지털 트랜스포메이션으로 인한 기술적 변화는 국가의 경쟁력으로 치환된다. 지금의 디지털 트랜스포메이션은 과거와는 또 다른 의미를 가진다. 과거에는 단순히 아날로그 데이터의 디지털화, 기업의 디지털화를 디지털 트랜스포메이션이라고 불렀다면 지금은 모든 사고와 활동의 단위가 디지털화되는 것으로 그 개념이 확장되고 있다.

코로나19 이후 다가올 또 다른 충격에 대응하기 위해서는, 향후 글로벌 혁신지형에서 핵심적인 기술 요소로 주목받는 디지털 기술과 비대면 체제에서 소외된 부문과 계층들의 역량강화를 위한 제도적 기반 확충에 주목할 필요가 있다. 그에 따라, 첫째로 자동화나 로봇, AI 및 소프트웨어 등에 밀려나는 노동자들이 재배치되어 노동시장에 흡수될 수 있도록 노동자들이 보유한 숙련 및 지식의 감가상각이 가속화되지 않도록 고도화된 평생학습체제가 구축될 필요가 있다. 둘째로, 디지털 기술발전 속도가 더욱 급진전되고 있기에, 기술발전의 보조를 맞출 수 있도록 노동시장의 유연성이 확보됨과 동시에 교육체제의 지속적인 혁신이 필요할 것으로 여겨진다. 셋째, 취약계층의 디지털 정보화 수준 향상을 위한 실생활 중심의 디지털 정보화 교육체제 확대를 더욱 이뤄나갈 필요가 있을 것이다. 이와 함께, 네 번째로 기업 부문이 디지털 기술 활용역량을 증대시킬 수 있도록 관련 인프라 구축에 대한 지원체제와 관련 규제를 정비하고, 기업 간 협업(네트워크)을 바탕으로 한 기술활용의 상호호환성 및 연결성의 극대화를 도모할 필요가 있겠다. 포스트 코로나 시대의 새로운 균형점으로의 이행을 위해서는, 국가 경제체제 내 제도적 요소들의 개별적 구성과 상호관계성의 진화를 바탕으로 한 시스템 전환이 이뤄져야 한다.

비대면 시대에는 비즈니스 연속성 계획을 통해 어떠한 종류의 서비스 중단에도 안전하고 원활한 사용자 업무환경이 제공되어야 한다. 이제는 절차와 보고 중심에서 공유와 협업 중심으로 일하는 방식이 바뀌고 있기 때문에 포스트 코로나 시대에는 협업 툴을 이용해 업무의 연속성과 효율성을 높일 필요가 있다. 우리는 어떠한 경제 시스템을 구축해야 할 것인지 함께 고민함으로써, 슬기롭게 새로운 충격에 대응해 나가야 할 것이다.

이제 기업은 혁신을 통해 넥스트 노멀 환경에 적응해야 한다. 생존을 위해 스스로를 파괴해야 한다. 기업의 혁신에 필요한 조건에 대한 질문을 스스로에게 던지고, 이에 대한 답을 찾아야 한다. BCG Henderson Institute는 코로나19 사태가 기업에게 주는 전략적 교훈을 다음과 같이 제시하고 있다.[109]

우선 초연결의 비즈니스 환경, 시스템적 사고로 대응해야 한다. 현재 기업 생태계, 비즈니스 환경은 상호연결성이 매우 높은 경제와 사회 속에 내재되어 있다. 이렇게 복잡한 시스템 내에서의 충격과 중단 발생은 상승과 하강을 거듭하며 전체 시스템을 재구성하게 된다. 금융위기, 감염병 대유행과 같은 시스템 리스크는 고도로 상호 연결된 경제, 사회 시스템 내에서는 언제든지 일어날 수 있는데, 결국 개별 사물보다는 상호연관성을, 그리고 정지된 상태가 아닌 변화의 패턴을 분석하는 시스템적 리스크 사고방식이 더욱 요구될 것이다.

레질리언스Resilience(회복력)를 고려한 관리방안을 마련해야 한다. 관점과 접근 방식의 다양성, 전체 시스템 붕괴를 방지하기 위한 완충장치, 급변하는 상황에서 유연하게 대응하는 능력, 통계적으로 확률은 희박하지만 현실화되는 경우 파괴력이 상당한 리스크에 대해 스트레스 테스트를 통한 대비, 그리고 사회적 재난 발생 시 기업은 중요한 사회구성원으로 보다 높은 수준의 사회적 책임과 일관성 실천 등이 중요하다.

커뮤니케이션 정체 상태를 해결해야 한다. 효과적인 의사결정을 위해 리더십과 집단행동 사이의 적절한 균형을 찾아야 할 것이다. 더불어 코로나19 사태 같은 경우 기업은 급변하는 상황에서 적응적 전략을 활용하는 것이 필요하고 때로는 의사결정을 가속해야 한다. '효율성'과 '생산성'을 높이는 것뿐만 아니라 '창조성'과 '적응성'도 강조하는 전략적 경영이 더 요구될 것이다.

빠른 학습능력을 키우고 경쟁해야 한다. 감염병 위기 이후의 새로운 미래 변화를 예상하기 위해 기업은 특정 제품 또는 세부 범주에 대한 일일 정보처럼 빈도가 매우 높고 세밀한 데이터까지도 분석할 수 있어야 한다. 그래서 빅데이터 분석 체계와 지속적 학습, 분석 역량은 이러한 측면에서 절대 유리하다. 물론 단순히 기술적 솔루션으로만 해결할 수 있는 것은 아니다. 시장에서의 경쟁우위를 얻기 위해 기업은 인간의 독창성과 인공지능 머신러닝을 결합한 하이브리드 학습조직을 마련해야 한다.

상상력을 키워 경쟁해야 한다. 코로나19와 같이 전대미문의 위기 대응에 해답을 주는 만능 매뉴얼은 그 어디에도 없을 것이다. 상상력을 크게 키우는 기업은 위기 시 상당한 가치를 창출하고 결국 장기적인 성공을 거두게 된다. 상상력은 체계적 방식을 통해 기업의 능력으로 개발될 수 있다. 집단적 상상력을 촉진해야 하며,

새로운 아이디어를 개발 중에 공유할 수 있도록 해야 한다.

마지막으로 협업 솔루션을 만들어야 한다. 비즈니스 생태계, 각 산업분야, 국가 전반에 걸친 협력적인 대응이 필요하다. 감염병 대유행과 같은 글로벌 이슈에 직면할 때, 정부와 재계 지도자들은 공동 대응과 협업 실행을 위한 연합체를 형성할 필요를 느끼게 된다. 이는 사회 전체의 번영을 위해서 그리고 모든 기업의 비즈니스가 운영되는 시장을 보존하기 위해서도 반드시 필요하다. 광범위한 협업을 촉진할 수 있는 공감대와 연결 마련을 고민해야 한다. 결국, 앞으로 계속 기업은 매우 효과적인 문제 해결의 주체이며 경제, 사회의 공통적인 위기 대응에 있어 매우 중요한 역할을 해야 한다. 이를 위해 어떻게 리드하고, 협력하고, 협력을 위한 자원을 동원할 수 있는지 등에 있어 혁신이 필연적으로 요구된다.

코로나19 이후 기업의 넥스트 노멀은 디지털 혁신이다. ©Pixabay

시민, 연대와 협력으로 새로운 대한민국의 주체 되어야

인간과 동물의 가장 큰 차이를 두뇌에서 찾는 경우는 흔하다. 영국의 인류학자 로빈 던바Robin Dunbar는 체중에서 뇌의 신피질Neocortex 영역이 차지하는 비율이 생명체 종마다 형성하는 집단의 크기와 비례한다는 점에 주목하며 사회적 뇌 가설을 제시했다. 그는 인간이 다른 종과 달리 특별한 뇌를 가지게 된 것은 크고 복잡한 사회집단에서 발생하는 다양한 문제를 해결하기 위해서라고 주장한다. 복잡한 사회 속에서는 서로를 돕는 이타적 행동, 다른 사람 속이기, 연합 결성하기 같은 사회적 능력이 요구되는데, 이를 위해서는 다른 사람의 생각이나 마음을 이해하는 능력이 필수적이다.[110] 던바의 가설이 시사하는 것은 인류의 뇌의 진화가 자연환경에 대처하는 능력보다는 이러한 사회적 능력과 밀접하게 연관되어 있다는 것이다.

코로나19 사태를 조기에 극복하기 위해서는 전 국민들의 자발적인 협조와 안전 수칙을 지키는 것이 최우선이며 이와 관련하여 조직시민행동의 의미를 알아볼 필요가 있다. 조직시민행동Organizational Citizen Behavior은 산업 및 조직심리학 용어로서 1980년대 초반에 오건Organ과 그의 동료들이 '조직 내 구성원들의 자발적인 도움 행동'을 '조직시민행동'이라 정의한 이후 활발한 연구가 이루어져 오고 있다. 오건은 조직시민행동을 다섯 가지로 세분화시켜 설명한다. 첫째는 '이타주의'로 다른 구성원들을 배려하고 자발적으로 도와주는 것이고, 둘째는 '성실성'으로 조직이 요구하는 수준 이상의 역할을 감당하는 것이며, 셋째, '스포츠맨십'으로 조직 내 갈등이 있더라도 불평이나 비난 대신 스스로 해결하려고 노력하고, 넷째, '예의(존중심)'를 갖추는 것으로 조직 내 문제가 일어나기 전에 구성원들 간

정보 공유, 협력 등을 통해 예방하며, 다섯째, '시민 덕목'으로 조직 활동에 적극 참여하고 몰입(헌신)하는 것을 말한다. 누구나 때로는 무기력하고 불안하며 우울할 수 있다. 너무나도 큰 고립감과 외로움에 힘겨운 사람도 있을 것이다. 하지만 우리가 하나라도 대응할 방법이 있다면, 나와 가까운 사람들이 이 위기를 극복하는 데 큰 도움이 될 수 있다.

세계보건기구WHO는 개인의 생활수칙을 '사회적 거리두기' 대신 '물리적Physical 거리두기'나 '멀리서 교류하기Distant socializing' 등으로 다르게 부르자고 제안한 바 있다. 질병 전염을 피하기 위해 물리적 거리는 유지해야 하지만, 같은 공간에 있지 않더라도 여러 방법으로 사람들과 연결되어 있을 수 있다는 사실을 강조하는 것이다. 위기상황일수록 정신건강을 위한 사회적 접촉을 유지하고 연결되어 있어야 한다는 것이다.[111]

새로운 규칙은 투쟁이 아니라 연대와 협력이다. 인간은 생존의 문제와 마주하면 경쟁이 아닌, 연대와 협력을 한다. 이는 불확실한 자연의 질서 속에서 생존하기 위해 인류의 조상들이 선택한 방법이기도 하다. 인류는 코로나라고 하는 인류의 생존을 위협하고 있는, 눈에 보이지도 않는 불확실한 전파 능력을 보유한 바이러스로부터 생존하기 위한 계급, 계층, 국가, 인정, 성별, 세대를 아우르는 연대와 협력의 길로 나아가야 한다. 우리에게는 많은 연결과 결속의 기회가 있다. 하여 우리가 염원하는 인간다운 세상, 희망의 새 삶은 우리들 자신의 용기 있는 상상력과 집단적 지혜로부터만 열린다는 것을 다짐해야 할 것이다.

포스트 코로나 세상에서는 바이러스 대유행 이전과는 매우 다르게 사고하고 행동하는 새로운 '인간성Humanity'이 나타날 것이다.

연대와 협력, 희망찬 퓨처코리아를 위한 시민의 덕목이다. ©Pixabay

집단행동에 미치는 코로나19의 영향을 생각해보면, 사람들은 일과 일상생활에서 무언가를 결정할 때 바이러스 대유행의 각종 의례(사회적 거리두기, 손 씻기 등)를 실행하지 않을 수 없으므로, 지속적으로 관련 노동 및 건강과 생활 정보 등에 목말라할 것이고 이 정보에 입각해 남들과 고립·분리되어 사고하고 행동할 것이다.

우리는 대유행이 가져다준 고통과 슬픔을 일상적인 불행으로 전환하여 그것을 포용하면서 포스트 코로나19 시대를 창조해 나가야 한다. 불행은 창조성, 용기, 소망, 사랑과 같은 긍정적 감정 형태와 마찬가지로 '인간됨'을 이루는 심리·사회적 요소이다. 우리가 이 고통의 시기에 '인간됨'의 복잡성을 이해함으로써 고통에서 빠져나와 불행과 운명을 받아들이는 보다 현명한 자율적 주체로서 이전보다 더욱 강하게 상호 연대하는 방식을 생각하고 행동화해야 할 것이다.

급속한 속도로 사람 간 전염을 일으키는 코로나19의 특성 때문에 가장 먼저 타격을 받은 것은 사회의 물리적 이동 서비스들이다. 국가 간 국경이 폐쇄되고 다른 사람과의 밀접한 접촉을 가급적 피하게 되면서 우리 삶의 공간적 방식이 한순간에 변해버린 것이다.

코로나19가 개인의 일상문화에 끼친 결정적 영향은 타인과의 분리화, 신체의 고립화, 공간의 축소화로 요약된다. 코로나19로 인해 가장 먼저 일어난 것은 타인과의 물리적 분리였다. '사회적 거리두기'는 우리의 신체가 활동적인 영역의 바깥에 고립화되는 문제도 낳았다. 운동, 여행 등 활동성의 영역에서 다양한 외부적 경험을 할 수 있는 삶의 질이 떨어지게 된 것이다. 그리고 코로나19는 궁극적으로 우리 삶의 공간을 축소해버렸다. 코로나19 이후 안전한 공간은 '내 집 안'으로 한정되고 말았다. 이러한 변화는 비대면 문화의 확산을 결과했다.

그런데 코로나19 상황에서도 사람들은 여전히 타인과 분리되지 않았고, 자신들의 공간성을 확대해나갔다. 기존의 물리적 공간이 디지털 공간으로 급속하게 전환되고 있다. 유튜브와 같은 온라인 서비스를 이용해 무관중 공연을 실황하고, 집에서 디지털 매체를 통해 관람한다. 공간성의 '디지털적 전환'이다. VR영상을 통해 세계를 여행하며 온라인 콘서트를 방에서 직관한다. 내 방은 순식간에 영화관, 콘서트장이 된다. 공간의 확장이다. 코로나19가 삶의 공간을 축소시킨 반면, 콘텐츠는 새로운 문화공간을 창출하고 있는 것이다.

집에서 혼자 즐기는 콘서트이지만 동시에 다른 관중들도 함께

한다. 집에서도 다른 사람들과 함께 즐기는 것이 가능하다. 코로나19로 인해 타인과의 연결 의지가 오히려 이전보다 더 강하게 나타나고 있다. 또한 단순히 미디어를 통해 콘텐츠를 일방적으로 수용하는 단계를 넘어 참여하는 단계로까지 나아가고 있다. 실시간으로 이루어지는 미디어 플랫폼을 통해 피드백을 주고받으며 향유한다. 이러한 변화들은 모두 타인과의 분리화, 신체의 고립화, 공간의 축소화라는 코로나19의 위기를 창의적으로 극복하는 생존전략이다. 우리는 디지털화된 공간에서 무궁무진한 세계를 만남으로써 공간의 확대를 이루고, 그 확대된 공간 속에서 다른 사람들과 소통하고 함께 콘텐츠를 이끌어나가며 연결된다. 그리고 이런 새로운 경험은 어느 정도 신체적 고립감을 해소시켜준다. 온택트Ontact인 셈이다. 사회적 거리두기로 집에 머무는 시간이 늘면서 '온택트 마케팅'과 '실감형 서비스', 온라인 전시와 공연, 재택근무와 화상회의, 비대면 학습과 화상 면접 등이 새로운 트렌드로 자리 잡기 시작했다.

코로나19가 우리 삶에 일으킨 가장 큰 변화 중 하나는 타인과 자신을 분리하게 함으로써 다시금 타인을 들여다보게 만들었다는 사실이다. 이전에는 너무나도 당연하게 생각했던 일상적 부분들이 코로나19로 인해 비일상화되자, 우리는 디지털 공간에서 소통 콘텐츠로 일상을 재구축하고 있다. 기존의 '언택트' 문화가 단지 타인과의 접촉을 최소한으로 하고 개인적인 편의성을 중시하는 것이었다면, 코로나19 이후에 보이는 변화는 다분히 '콘택트', 즉 접촉적이다. 기존의 '언택트'는 다른 사람과의 접촉을 '불편'해하는 것을 이유로 나타난 현상이다. 그러나 코로나19 이후의 '언택트'는 조금 다르다. 물리적인 접촉은 최소화하는 대신, 인터넷을 비롯해 디지털화된 가상의 공간에서는 활발한 '접촉', 즉 커뮤니케이션이 일어나고 있다.

코로나19 이후 온라인 커뮤니티의 참여 및 이용률이 증가하였다는 점은 주목할 만하다. '사회적 거리두기' 등 사람 간의 연결이 차단되자 오히려 연결욕구가 증가한 것이다. 코로나19 이후 사회적인 '공실존共實存'이 실현되고 있음을 시사한다. 우리의 삶이 집단적 소통으로 이루어지고 있음이다. 숏폼콘텐츠 플랫폼 '틱톡TikTok'에는 사회적 의견을 표출하는 챌린지 영상이 넘쳐난다. 미디어 공간이 가볍고 개인적인 취미와 유희의 공간을 넘어 실천적인 물리 공간을 상당 부분 대체하고 있다. 이렇듯 코로나19 이후의 미디어 시장과 콘텐츠 이용은 사용자 개인들이 더 체계적으로 연결되고자 하는 욕구를 충족시키면서도 그 연결된 집단으로 사회적인 합의까지도 이끌어내는 공실존으로 이해된다. 이러한 공실존은 코로나19로 제한되었던 공간성을 디지털화함으로써 국경과 나이, 성性, 인종, 문화 등의 경계를 뛰어넘어 전 세계적인 네트워크로 성장할 가능성을 내포하고 있다. 단편적이고 개인적인 즐거움을 넘어 사회적이고 집단적인 메시지를 담을 수 있는 환경으로 바뀌고 있음이다. 미디어와 콘텐츠를 통해 상호 협력과 소통이 증진되며, 다양한 사람들과 색다른 경험을 교감하는 방향으로 나아간다. "코로나19에 대한 진정한 해독제는 분열이 아니라 연대, 협력"이라는 유발 하라리의 주장112이 증명된다.

"미래는 이미 와 있다. 단지 널리 퍼져 있지 않을 뿐이다."113

코로나 사태는 역설적으로 깨달음의 기회를 제공한다. 완벽하게 안전한 사회는 어디에서도 찾기 어렵다. 이러한 시기에 우리 앞에 닥친 재난과 재앙을 손 놓고 어쩔 수 없는 일이라고 외면할 수는 없다. 더 잘 견디고, 똑같은 곤란을 반복하지 않기 위한 길을 찾고 실행에 옮겨야 한다. 코로나19 이후 새로운 규범과 원칙, 즉 넥스트 노멀은 이러한 재난 대비에서 중요한 사회적 그물망인 동시에 앞으로 나아갈 수 있는 실천의 동력이 될 것이다. 공동체의 역량은 저절로 생겨나는 것이 아니라 지속적인 노력으로 축적된다. 그런데 이러한 노력을 용이하고 효율적으로 이루어지도록 하는 동력이 바로 가치와 규범을 공유하는 사람들의 집단적 힘이다. 이러한 점에서 재난을 보다 발전적으로 극복하고 '안심희망사회'로 나아가기 위해 사회적 신뢰를 기반으로 한 넥스트 노멀이 구축될 수 있도록 함께 노력해야 할 것이다.

지금 우리는 코로나19라는 21세기 최대의 난적을 맞아 과거의 시스템 그대로는 더 이상 지탱할 수 없음을 절감한다. 그렇기에 앞으로 세워질 새로운 세계는 과거의 잔해를 더욱 강력하게 재건하는 방향으로 나아갈 수도 있지만, 그 길을 택하는 대신 대지의 갈라진 틈 속에서 새로운 세계의 씨앗을 움트게 할 수도 있다. 현재의 위기로 뿌려진 미래의 씨앗을 찾아내어 새로운 세계의 싹을 틔우는 것은 어디까지나 우리의 힘, 우리가 함께 잡은 손에 달린 일일 것이다. 이러한 관점에서 지금의 코로나 위기는 우리가 삶을 대하는 태도, 다른 생명체들 가운데서 살아가는 존재로서 우리 실존을 대하는 태도 전부를 바꿔야 할 필요성을 실감하게 해주었다. 앞으로 우리가 살아갈 세상, 퓨처코리아는 어떤 것인지에 대해 어느 때보다도 진정한 성찰과 실천이 필요한 것이다.

어려운 소식이 많이 들려오는 와중에도 '내'가 낙관할 수 있는 까닭은 '우리'가 연결되어 있고, 서로에게 영향을 미칠 수 있다는 사실을 깨달았기 때문이다. 나를 위한 선택과 우리를 위한 선택은 다르다. 우리는 '우리'를 위해 더 나은 선택을 할 수 있다. 더 나은 방향으로 바꿀 힘이 우리에게 있다. 우리는 우리이기 때문에 나는 안심한다.

역사를 밀고 가는 주인공은 무수한 개인이다. 오늘 수많은 개인이 선택한 집합 속에 내일 우리가 살아갈 밑그림이 펼쳐지고 있다. 내일은 오늘의 생각과 선택 속에 이미 와 있다. 그러니 우리의 미래는 여기 우리의 치열함 속에서 출발하는 것이다. 이제 우리는 우리의 삶과 사회의 의미를 철저히 새롭게 사고해야 할 것이다.

"삶은 계속됩니다. 그러니 우리 함께 살아나갑시다"
(Life goes on, Let's live on)
– 방탄소년단, 제75차 유엔총회(2020.9.23)
보건안보우호국그룹 고위급회의 특별영상

참고문헌

1 도저히 일어날 것 같지 않은 일이 일어나는 것을 의미한다. 월가 투자전문가인 나심 니콜라스 탈레브가 그의 저서 〈검은 백조(The black swan)〉를 통해 서브프라임 모기지 사태를 예언하면서 두루 쓰이게 됐다. 그는 저서에서 검은 백조의 속성을 ① 일반적 기대 영역 바깥에 존재하는 관측값(이는 검은 백조의 존재 가능성을 과거의 경험을 통해 알 수 없기 때문), ② 극심한 충격을 동반, ③ 존재가 사실로 드러나면 그에 대한 설명과 예견이 가능 등으로 기술하고 있다(시사경제용어사전, 기획재정부).

2 개별적으로는 위력이 크지 않은 태풍 등이 다른 자연현상과 동시에 발생할 경우 엄청난 파괴력을 가진 자연재해로 발전하는 현상을 일컫는다. 경제 · 사회적 측면에서 두 가지 이상의 악재가 동시에 발생해 그 영향력이 더욱 커지는 현상을 지칭하는 용어로 확대 사용된다.

3 McNeill, W, H. Plagues and peoples ; 김우영 역(2005). 전염병의 세계사. 이산.

4 김원제 · 박성철(2016). 대한민국의 10대 잠재 리스크. 커뮤니케이션북스.

5 장문석(2020). 코로나19와 역사적 시각에서 본 전염병. NRF 이슈리포트 12월호, 코로나19 현상에 대한 인문학적 성찰. 한국연구재단.

6 McKinsey & Company(March 23, 2020). Beyond coronavirus : The path to the next normal. https://www.mckinsey.com/industries/healthcare-systems-and-services/our-insights/beyond-coronavirus-the-path-to-the-next-normal

7 경향신문(2020.10.5). 코로나19, 한국사회 '약한 고리'를 파고들다. http://news.khan.co.kr/kh_news/khan_art_view.html?artid=202010052343005&code=940702

8 경향신문(2020.4.22). 코로나19가 가르쳐 주는 것들. http://news.khan.co.kr/kh_news/khan_art_view.html?artid=202004222128035&code=990100

9 중앙일보(2020.4.13). "코로나 주목받는 韓, 기회 놓치지 마라" 미래학자의 조언. https://news.joins.com/article/23753212

10 Zaki, J.(2020). Instead of social distancing, practice "distant socializing" instead, urges stanford psychologist. https://news.stanford.edu/2020/03/19/try-distant-socializing-instead/

11 Zaki, J.(2019). The war for kindness : Building empathy in a fractured world. New York : Broadway Books.
12 박지영(2020.5.4). '사회적 거리두기'에서 '거리를 둔 친밀감'으로. 원주투데이. http://www.wonjutoday.co.kr/news/articleView.html?idxno=114288
13 The New York Times(2020.4.7). The virus changed the way we internet. https://www.nytimes.com/interactive/2020/04/07/technology/coronavirus-internet-use.html
14 한국콘텐츠진흥원(2020). 방송트렌드&인사이트.
15 홀로(HOLO)별 소비량의 증가는 이베이코리아가 G마켓과 옥션의 1분기(2020.1.1~3.29) 판매데이터를 분석하여 나타난 결과이다.
16 여성가족부(2017). 2017 청소년종합실태조사.
17 중앙일보(2020.4.5). 코로나 사태 후 가정폭력 줄었다?… "신고 못하는 위험상황일 수도". https://news.joins.com/article/23747277
18 Anderson, S. A., & Sabatelli, R. M.(1992). The differentiation in the family system scale(DIFS). American Journal of Family Therapy, 20(1), pp. 77-89.
19 이호선(2020.4.22). 가족갈등, 코로나 '집콕'이 가져온 또 다른 일상의 문제. 정신의학신문. http://www.psychiatricnews.net/news/articleView.html?idxno=19365
20 한국콘텐츠진흥원(2020). 방송트렌드&인사이트.
21 연합뉴스(2020.4.24). 코로나19 시대, 10명 중 8명이 '홈트'해봤다. https://www.yna.co.kr/view/AKR20200424036300030
22 중앙일보(2020.4.2). '집콕족'은 운동도 집에서 한다… 몰래 웃는 '홈트' 시장. https://news.joins.com/article/23745633
23 앱스토리(2020.3.23). 코로나19로 찾아온 재택근무 실험, 엇갈린 반응들. https://news.appstory.co.kr/plan13035
24 한겨레(2020.7.6). 사무실 없애는 코로나?… 재택근무가 노동계층을 재편한다. http://www.hani.co.kr/arti/science/future/952358.html
25 The Science Times(2020.3.16). 코로나19로 근무환경이 바뀌고 있다. https://www.sciencetimes.co.kr/news/
26 유빈(2020.7.8). 코로나블루에 대한 생각들. 국립정신건강센터.

27 헬스조선(2020.5.14). 코로나블루, 불안→분노→우울로 발전… "볕 드는 곳에서 운동해야". http://health.chosun.com/site/data/html_dir/2020/05/14/2020051401542.html
28 석정호(2020.3.24). '코로나 블루' 극복하려면? 코로나19로 인한 우울감 표현한 신조어 등장, "심리적 방역 필요". eMD Medical News. https://www.mdon.co.kr/mobile/article.html?no=26322
29 이은이(2020.4.7). 사회적 거리두기와 '코로나블루'. 기초과학연구원.
30 유빈(2020.7.8). 코로나블루에 대한 생각들. 국립정신건강센터.
31 이은이(2020.4.7). 사회적 거리두기와 '코로나블루'. 기초과학연구원.
32 이은이(2020.4.7). 사회적 거리두기와 '코로나블루'. 기초과학연구원.
33 경향신문(2020.4.22). 코로나19 사태로 2020년 컨테이너 물동량 12% 감소… 대응책 '시급'. http://news.khan.co.kr/kh_news/khan_art_view.html?art_id=202004271103001
34 서울경제(2017.4.26). 컨테이너가 바꾼 세상. https://www.sedaily.com/NewsView/1OESOK3AAV
35 한겨레(2020.4.14). '바이러스 공습' 세계화에 치명타. http://www.hani.co.kr/arti/economy/economy_general/936940.html
36 김상신(2018). 「리쇼어링 2.0」 필요 : 국내외 사례와 시사점. 중소기업 포커스, 18-24면.
37 민플러스(2020.4.20). 코로나19 이후 경제 전망. https://www.minplusnews.com/news/articleView.html?idxno=10359
38 협동하면 모두에게 이익이 됨에도 불구하고 배반을 선택하게 되는 상황을 죄수의 딜레마(Prisoner's Dilemma)라고 한다. 자기의 이익을 고려한 선택이 결국에는 자신뿐만 아니라 상대방에게도 불리한 결과를 유발하는 상황을 일컫는다.
39 미국의 생태학자 개릿 하딘(Garrett Hardin)이 1968년 〈사이언스〉에 기고한 논문의 내용으로, '지하자원, 초원, 공기, 호수에 있는 물고기와 같이 공동체 구성원 모두가 사용해야 할 자원은 사적 이익을 주장하는 시장의 기능에 맡겨 두면 이를 당 세대에서 남용해 자원이 고갈될 위험이 있다'는 주장이다. 이는 시장실패의 요인이 되며, 이에 이러한 자원에 대해서는 국가의 관여가 필요하다. 아니면 이해당사자가 모여 일정한 합의를 통해 이용권을 제한하는 제도를 형성해야 한다는 설명이다.

40 박정수 외(2020). 포스트 코로나 시대의 비대면 서비스 모델과 정책 과제. I-kiet 산업경제이슈, 83호.
41 한국경제매거진(2019.10). CEO가 알아야 할 IT 트렌드 ③ 홈코노미, 조정석 핸들을 잡아라. http://magazine.hankyung.com/money/apps/news?popup=0&nid=02&c1=2004&nkey=2019092700173040712&mode=sub_view
42 경향신문(2019.3.16). 우리 집을 누린다… 집돌이 · 집순이의 진화 '홈족'. http://news.khan.co.kr/kh_news/khan_art_view.html?art_id=201903160600005#csidx64c042d86664ff4ad5065d318264889
43 그린포스트코리아(2020.5.11). [트렌드 키워드 속 환경 ④] 안 보면 깨끗해질까… '언택트 소비'의 3가지 환경 영향. http://www.greenpostkorea.co.kr/news/articleView.html?idxno=117117
44 조순아(2018). 사용한 만큼 내는 합리적인 소비! 구독경제. 한국콘텐츠진흥원 '엔 콘텐츠', Vol. 09.
45 MK the biz times(2018.9.7). [Insight] 공유의 시대란 '빌려쓰기'가 아닌 '함께 즐김'의 시대다. http://mba.mk.co.kr/view.php?sc=51000001&cm=Insight&year=2018&no=563896&relatedcode
46 김대호(2018). 공유경제. 커뮤니케이션북스.
47 메가경제(2019.4.28). [트렌드탐구] '구독경제', 소유와 공유를 뛰어넘다. http://www.megaeconomy.co.kr/news/articleView.html?idxno=91419
48 아주경제(2020.4.20). [코로나19로 진화하는 구독경제] ① "취향을 구독하세요". https://www.ajunews.com/view/20200420060537114
49 매일경제(2020.4.27). [전호겸의 구독경제 산책] 미국 대기업의 40%가 1년 내에 사라진다?!, 살아남는 기업의 조건. https://mirakle.mk.co.kr/view.php?year=2020&no=434522
50 서울&(2016.5.4). 배달음식 1호, 1768년 7월 냉면. http://www.seouland.com/arti/culture/culture_general/354.html
51 곽재민(2016). 배달의민족, 우아한형제들. 커뮤니케이션북스.
52 식품외식경제(2020.5.11). 코로나 이후 외식산업 넥스트 노멀시대 생존전략. http://www.foodbank.co.kr/news/articleView.html?idxno=59683
53 뉴스투데이(2020.3.19). '코로나19 사태'로 직격탄 맞은 외식업체 생존전략은. https://www.news2day.co.kr/149852
54 조선일보(2020.5.14). [Tech & BIZ] 코로나가 앞당긴 로봇 · 드론 시대.

http://news.chosun.com/site/data/html_dir/2020/05/13/2020051304597.html
55 박재용(2018). 과학이라는 헛소리 : 욕심이 만들어낸 괴물, 유사과학. MID.
56 중앙일보(2015.7.4). [마켓&마케팅(16) 공포 마케팅의 명암] 두려움 자극하라, 그러면 팔린다… 메르스 때 마스크처럼. https://news.joins.com/article/18168453
57 조항민(2014). 과학기술, 미디어와 만나다 : 과학미디어 세계를 여행하는 안내서. 한국학술정보.
58 김지현(2020.4). 공포 마케팅에 열 올린 타블로이드지. 신문과 방송, 4월호, 592호.
59 에너지경제(2020.3.26). [이나경의 눈] 코로나19에 편승한 '공포마케팅' 상혼. http://www.ekn.kr/news/article.html?no=490206
60 매일일보(2020.2.19). "코로나 '공포 마케팅' 확산"… 소비자가 '열쇠' 쥐고 있다. https://www.m-i.kr/news/articleView.html?idxno=683115
61 IT동아(2020.4.3). 확산되는 재택근무와 화상회의, 주목할 만한 서비스는? https://it.donga.com/30325/
62 아시아경제(2020.5.28). [시론] 코로나19 이후 대학의 과제. https://www.asiae.co.kr/article/2020052813210899119
63 연합뉴스(2020.4.5). [특파원 시선] 코로나19로 거대한 원격교육 실험 나선 미국. https://www.yna.co.kr/view/AKR20200404001700071
64 동아일보(2020.4.9). 코로나 휴교령에… '온라인 원격교육' 실험 시작한 유럽 [글로벌 현장을 가다]. https://www.donga.com/news/Opinion/article/all/20200409/100567094/1
65 데이비드 라이언(2014). 감시사회로의 유혹. 후마니타스.
66 연합뉴스(2020.4.10). 10분내 확진자 동선추적… 세계가 주목한 코로나 역학조사 시스템. https://www.yna.co.kr/view/AKR20200410149400003
67 한국일보(2020.5.21). 세계로 뻗어나가는 K-방역… 자가격리앱, 페루에 해외 첫 수출. https://www.hankookilbo.com/News/Read/202005211417096235
68 Coindesk KOREA(2020.3.16). 코로나19로 촘촘해진 대중 감시 체계의 위험, '공중 보건' 위해 용인되던 것들, 일상 회복한 뒤에도 남는다면 '빅브라더' 될 수도. https://www.coindeskkorea.com/news/articleView.

html?idxno=70498
69 조항민 · 김원제 · 박성철(2017). 과학기술 저널리즘 쟁점과 사례. 커뮤니케이션북스.
70 정도희(2018). 인공지능시대의 비즈니스 전략. 더퀘스트.
71 생명공학정책연구센터(2020.6.25). 코로나19, 인공지능을 통한 해결책 주목. BioINwatchn(BioIN+Issue+Watch), 20-44면.
72 기초과학연구원(2020.3.12). 인공지능으로 코로나-19 바이러스 진단 · 예측. https://www.ibs.re.kr/cop/bbs/BBSMSTR_000000000971/selectBoardArticle.do?nttId=18201
73 이로운넷(2020.5.30). 인공지능(AI)은 코로나19 극복에 어떻게 기여하나. http://www.eroun.net/news/articleView.html?idxno=12027
74 윤기영(2020). 뉴노멀, 우리가 알던 세상은 끝났다. 책들의 정원.
75 The PR(2020.5.22). 코로나 혼란 속 법칙을 찾아라. https://www.the-pr.co.kr/news/articleView.html?idxno=44937.
76 정보통신정책연구원(2020.4.15). 인공지능, 코로나 19를 만나다. AI TREND WATCH.
77 동아시아 재단(2020.5.26). 코로나19 위기 속의 일자리 문제 : 유연안전성은 가능할까. 동아시아 재단 정책논쟁, 제139호.
78 서울경제(2020.7.18). [토요워치] 일상이 된 '비대면' 서비스 로봇과 '대면'하다. https://www.sedaily.com/NewsView/1Z5CMXLG9X
79 팜뉴스(2020.5.14). 포스트 코로나 시대, '로봇'이 뜬다. https://www.pharmnews.com/news/articleView.html?idxno=100482
80 서울디지털재단(2020.5). 코로나19에 대응하는 디지털기술 동향. 디지털서울 이슈리포트, 2020-01호.
81 CIOKorea(2018.2.27). 로봇과 일자리 : AI 위협에의 대응법. http://www.ciokorea.com/news/37407#csidxff71243bd3b5ba0a28ecff5d14d3326
82 YTN(2020.7.15). WHO '5대 거짓말' 코로나19 확산 키웠나? https://www.ytn.co.kr/_ln/0105_202007150517240251
83 조양래(2020.3.17). WHO 코로나19 팬데믹 선포의 의미와 극복을 위한 모두의 희생. MEDIGATE NEWS. http://m.medigatenews.com/news/1651669477
84 Huffpost(2020.4.14). 브라질의 코로나19 확진자 수는 2만명이다. 전문가

들은 '12배 많을 것'이라고 말한다. https://www.huffingtonpost.kr/entry/brazil-coronavirus-cases-underreported_kr_5e956b36c5b621d7471def2b
85 중앙일보(2020.3.6). CNN "일본, 코로나 확진자 수는 빙산의 일각… 실제는 10배". https://news.joins.com/article/23724030
86 서울경제(2020.6.22). 브라질 코로나19 통계 축소 의혹 증폭, "실제 감염자 600만명". https://www.sedaily.com/NewsVIew/1Z44IPKS6W
87 한겨레21(2020.9.16). 코로나19 백신도, 치료제도 '신뢰'. http://h21.hani.co.kr/arti/special/special_general/48345.html
88 보건복지부(2016). 2015 메르스 백서 : 메르스로부터 교훈을 얻다.
89 한겨레21(2020.9.16). 코로나19 백신도, 치료제도 '신뢰'. http://h21.hani.co.kr/arti/special/special_general/48345.html
90 Voice of America(2020.2.28). 미 심리학자들 "코로나 관련 공신력 있는 정보 신뢰해야". https://www.voakorea.com/coronavirus/coronavirus-psychology
91 Fisher, M., & S. H. Choe(2020.3.23). How south korea flattened the curve. The New York Times. https://www.nytimes.com/2020/03/23/world/asia/coronavirus-south-korea-flatten-curve.html
92 신기원(2020.5.12). 코로나19 대응에서 배우는 사회적 신뢰. 〈내 삶의 심리학 mind〉. http://www.mind-journal.com/news/articleView.html?idxno=939
93 최민석(2020). 전염병의 이면. 계간 방송문화, 여름호(421호), 204면.
94 김원제(2017). 위험사회를 넘어 안심사회의 조건. 한국학술정보.
95 코로나19와 함께 등장한 신조어다. 가장 자주 쓰는 '언택트(untact)'는 접촉을 뜻하는 콘택트(contact)에 부정 접두사인 언(un)을 조합한 말이다. '비대면', '비접촉'이라고도 한다. '온택트(ontact)'는 여기에 온라인을 통한 연결(on)을 합성한 용어다. 한국식 영어인 '콩글리시'다. 세계적으로 통용되는 용어는 '노콘택트(no-contact)', '논콘택트(non-contact)', '터치리스(touchless)' 등이다. '언택트'는 서울대 소비자학과 김난도 교수팀이 만든 조어로, 그가 매년 발간하는 〈트렌드 코리아〉 2018년 판에 실렸다.
96 강인규(2020.6.10). 코로나 이후의 삶은 '언택트'? 우리가 모르는 진실. 오마이뉴스. http://www.ohmynews.com/NWS_Web/Event/Premium/at_pg.aspx?CNTN_CD=A0002648165

97 Yuval Noah Harari(March 20, 2020). the world after coronavirus. https://www.ft.com/content/19d90308-6858-11ea-a3c9-1fe6fedcca75
98 프레시안(2020.5.22). [인권으로 읽는 세상] 방역의 시대, 무엇이 우리를 안전하게 할까. https://www.pressian.com/pages/articles/2020052216373981691
99 신혜경(2020). 코로나 위기로 싹트는 새로운 삶의 철학. 코로나19 현상에 대한 인문학적 성찰. 한국연구재단, NRF 이슈리포트 12월호.
100 윤정현(2020). COVID-19 이후, 뉴노멀과 미래 사회 변화. Future Horizon, Vol. 46.
101 윤정현(2020). 현실이 된 X이벤트 : 한국사회의 감염병 대유행 시나리오. Future Horizon, Vol. 45.
102 서용석(2020). 상시적 미래 충격에 대응한 기민(agile)하고 유연한(flexible) 정부 모색. Future Horizon, Vol. 45.
103 송해룡 · 김원제(2013). 위험커뮤니케이션의 이론과 실제. 한국학술정보.
104 송해룡 · 김원제(2014). 한국사회 위험특성과 한국인의 위험인식 스펙트럼. 한국학술정보.
105 한겨레(2020.5.4). [김훈 기고] 무서운 역병의 계절을 나며 희망의 싹을 보았다. http://www.hani.co.kr/arti/opinion/column/943498.html?_fr=mt1
106 홍성수(2020.9.18). 코로나 시대, '공공의 책임'을 묻는다. 한겨레신문. http://www.hani.co.kr/arti/opinion/column/962605.html?_fr=mt5#csidxb480536db41af369a8057c7e9d476c9
107 박한선. 감염병 대응의 그림자. Future Horizon, Vol. 44.
108 송경재(2020). 빅브라더 '코로나 행정부'… 우리 사생활은 안전한가? [좋은나라이슈페이퍼] 보편적 코로나19와 민주주의의 위협. https://www.pressian.com/pages/articles/2020092109291847164#0DKU
109 Emerging Strategy Lessons from COVID-19. BCG Henderson Institute. https://bcghendersoninstitute.com/emerging-strategy-lessons-from-covid-19-c1e5f9a7ba83?gi=34d5b805b27a
110 성기호(2020). 코로나 재난, 사회적 고립과 정신건강. 웹진 문화관광 6월호. http://www.kcti.re.kr/webzine2/webzineView.action?issue_count=109&menu_seq=3&board_seq=2
111 WHO. COVID-19. https://www.who.int/docs/default-source/coronaviruse/

transcripts/who-audio-emergencies-coronavirus-press-conference-full-20mar2020.pdf?sfvrsn=1eafbff_0

112 Yuval Noah Harari 앞의 글

113 William Gibson(Dec. 3, 2003), The future is already here. It's just unevenly distributed. The Economist.

송해룡

현재 성균관대학교 명예교수이다. 한국방송학회장, 성균관대학교 사회대 학장, 문화융합대학원장을 역임했으며, SSK위험커뮤니케이션연구단 단장, 국무총리 직속 국민안전안심위원회 위원을 역임했다. 저서로 『미디어콘텐츠 4.0』(2019, 공저), 『시니어 비즈니스 블루오션』(2018, 공저), 『위험커뮤니케이션의 쟁점과 과제』(2017), 『한국 실패사례에서 배우는 리스크 커뮤니케이션 전략』(2015, 공저), 『해외 성공사례에서 배우는 리스크 커뮤니케이션 전략』(2015, 공저), 『미디어콘텐츠, 창조기획과 스마트 비즈니스』(2015, 공저), 『아이디스오더 : 기술문명 스트레스와 그 극복』(2015, 역저), 『스포츠와 문명화 : 즐거움에 대한 탐구』(2014, 역저), 『디지털미디어시대 리스크 현실과 진단』(2014, 공저), 『위험 사회와 위험 인식 : 위험커뮤니케이션의 갈등 구조』(2014), 『한국사회 위험특성과 한국인의 위험인식 스펙트럼』(2014, 공저), 『위험커뮤니케이션의 이론과 실제』(2013, 공저, 문화체육관광부 우수학술도서), 『위험커뮤니케이션 : 미디어와 공론장』(2012), 『미디어 비즈니스 시장과 생태계』(2010) 등이 있다.

김원제

중앙대학교 대학원에서 언론학 석사학위를 받았으며, 성균관대학교 대학원에서 언론학 박사학위를 받았다. 현재 (주)유플러스연구소 연구소장(대표이사), 성균관대학교 겸임교수로 재직 중이며, (사)매거진미디어융합학회 연구이사, 정기간행물자문위원회 위원이다. 저서로 『미디어콘텐츠 4.0』(2019, 공저), 『시니어 비즈니스 블루오션』(2018, 공저), 『위험사회를 넘어 안심사회의 조건』(2017, 한국연구재단 저술지원), 『과학기술 저널리즘 쟁점과 사례』(2017, 공저), 『대한민국의 10대 잠재리스크』(2016, 공저), 『미디어스포츠 사회학』(2016 개정판), 『한국 실패사례에서 배우는 리스크 커뮤니케이션 전략』(2015, 공저), 『해외 성공사례에서 배우는 리스크 커뮤니케이션 전략』(2015, 공저), 『미디어콘텐츠, 창조기획과 스마트 비즈니스』(2015, 공저), 『한국사회 위험특성과 한국인의 위험인식 스펙트럼』(2014, 공저), 『위험커뮤니케이션의 이론과 실제』(2013, 공저, 문화체육관광부 우수학술도서), 『구텐베르크 갤럭시』(2012, 공저, 문화체육관광부 우수학술도서), 『스마트 미디어 콘텐츠 인사이트』(2011, 공저), 『콘텐츠 실크로드 미디어 오디세이』(2009, 문화부 우수교양도서), 『퓨전테크 그리고 퓨전비즈』(2007, 문화부 우수교양도서) 등이 있다.

김찬원

중앙대학교 대학원에서 언론학 석사 · 박사학위를 받았다. 현재 (주)유플러스연구소 전문위원이자 (사)매거진미디어융합학회 편집이사이다. 성균관대학교 겸임교수로 재직 중이며, 중앙대학교 신문방송대학원에 출강하고 있다. 저서로 『미디어

콘텐츠 4.0』(2019, 공저), 『위험 블랙홀 : 위험한 세상에서 살아남기』(2019, 한국연구재단 저술지원), 『과학기술, 첨단의 10대 리스크』(2016, 공저), 『한국 실패사례에서 배우는 리스크 커뮤니케이션 전략』(2015, 공저), 『해외 성공사례에서 배우는 리스크 커뮤니케이션 전략』(2015, 공저) 등이 있다.

조항민

성균관대학교에서 신소재공학을 전공하였고, 같은 대학 신문방송학과 대학원에서 언론학 석사·박사학위를 받았다. 현재 (주)유플러스연구소 전문위원, 성균관대학교 겸임교수로 재직 중이며, (사)매거진미디어융합학회 연구이사, 기술보증기금 외부자문위원이다. 저서로 『미디어콘텐츠 4.0』(2019, 공저), 『시니어 비즈니스 블루오션』(2018, 공저), 『과학기술 저널리즘 쟁점과 사례』(2017, 공저), 『디지털 시대 과학기술 저널리즘』(2017), 『위대한 과학자의 사회 책임과 소통』(2016), 『과학기술, 첨단의 10대 리스크』(2016, 공저), 『한국 실패사례에서 배우는 리스크 커뮤니케이션 전략』(2015, 공저), 『해외 성공사례에서 배우는 리스크 커뮤니케이션 전략』(2015, 공저), 『디지털미디어시대 리스크 현실과 진단』(2014, 공저), 『과학기술, 미디어와 만나다 : 과학미디어 세계를 여행하는 안내서』(2014) 등이 있다.

코로나 이후 우리의 지표는 무엇인가?

넥스트 노멀Next Normal

2020년 12월 10일 제1판 1쇄 인쇄
2020년 12월 15일 제1판 1쇄 발행

저 자 송해룡 · 김원제 · 김찬원 · 조항민
발 행 인 권 영 섭
발 행 처 (주)신 영 사
경기도 파주시 심학산로 12(출판문화단지)
등 록 : 1988. 5. 2 / 제406-1988-000020호
전 화 : 031-946-2894(代)
F A X : 031-946-0799
e-mail : sys28945@naver.com
홈페이지 : http://www.shinyoungsa.co.kr

저자협의 인지생략

정가 12,000원 ISBN 978-89-5501-749-6